LES PIÈCES DE MOLIÈRE

LE TARTUFFE

OU

L'IMPOSTEUR

TIRAGE A PETIT NOMBRE

Il a été tiré en outre :

20 exemplaires sur papier du Japon, avec triple épreuve de la gravure (nos 1 à 20).
25 exemplaires sur papier de Chine fort, avec double épreuve de la gravure (nos 21 à 45).
25 exemplaires sur papier Whatman, avec double épreuve de la gravure (nos 46 à 70).

70 exemplaires, numérotés.

LE TARTUFFE

(Acte IV Scène IV)

MOLIÈRE

LE TARTUFFE

OU

L'IMPOSTEUR

COMÉDIE EN CINQ ACTES

AVEC UNE NOTICE ET DES NOTES

PAR

GEORGES MONVAL

Dessin de L. Leloir

GRAVÉ A L'EAU-FORTE PAR CHAMPOLLION

IOVAVST

OCCUPA PORTUM

PARIS

LIBRAIRIE DES BIBLIOPHILES

E. FLAMMARION SUCCESSEUR

Rue Racine, 26, près de l'Odéon

M DCCC XCIV

NOTICE

SUR

LE TARTUFFE

> « Un éloge de Molière qui durera
> » autant que la langue française, c'est
> « le *Tartuffe*. »
>
> VOLTAIRE.

*C*HAQUE *commentateur a cherché dans* LE TARTUFFE *la justification de ses théories, de ses préférences ou d'un système préconçu. C'est ainsi que* L'IMPOSTEUR *a passé tour à tour pour une pièce dirigée contre les Jésuites, les Jansénistes, les trouble-fêtes de la Cour, commandée même à Molière et écrite « par ordre de Louis XIV ». On en a fait un acte politique, un événement d'histoire, une machine de guerre.*

Pour nous, qui cherchons avant tout l'unité de pensée, de moyens et de but dans l'œuvre aux cent actes divers, et qui prétendons montrer Molière toujours et partout d'accord avec lui-même, nous ne voyons dans LE TARTUFFE *qu'un épisode important de la guerre que le grand arracheur de masques avait déclarée à toutes les fourberies, à tous les charlatanismes, à tous les mensonges, et aussi à toutes les folies, à tous les excès, même de vertu.*

Molière devait s'attaquer d'abord à la plus horrible, à la plus dangereuse des hypocrisies, l'hypocrisie de dévotion : et c'est à la Grange-des-Prés, dans la petite cour des Conti, au milieu des abbés Roquette, Esprit et de Voisin, qu'il conçoit son IMPOSTEUR, *bien avant de songer aux Précieuses, aux jaloux, aux médecins, à Don Juan, au Misantrope.*

Le faux dévot ne suffit pas à sa verve justicière, son œuvre vise plus haut et porte plus loin : elle attaque et blâme, par surcroît et contre-coup, le dévot sincère, mais outré, le mauvais dévot, *qui, poussant à l'extrême l'attache au spirituel, oublie un peu trop le monde, et, par amour du ciel, finit par mépriser la terre et l'humanité : « Qui veut faire l'ange fait la bête », dit un proverbe, dont Molière a fourni la preuve sous les traits de cet Orgon qui, d'intelligent, d'honnête homme et de sage, est devenu comme « hébété » par Tartuffe. Pour lui, plus de famille, plus d'amis, plus de devoirs : il aspire à n'avoir d'affection pour rien.* Omnia terrena arbitratur ut stercora.

Il fallait frapper à la fois tartuffe et tartuffié. Là était le danger de l'œuvre ; car si l'imposteur répugne nécessairement à tous les gens de bien, l'exécution de sa dupe pouvait justement alarmer les scrupules des vrais dévots et effaroucher quelques bonnes âmes.

Molière le sentait ; il prit de loin ses précautions. Dès 1663, la pièce qu'il roulait dans sa tête depuis son séjour en Languedoc était sur le métier : il dédiait alors sa CRITIQUE DE L'ECOLE DES FEMMES *à la Reine Mère et remerciait S. M. de « prouver si bien que la* véritable dévotion *n'est point contraire aux* honnêtes divertissements, *de descendre si humainement de ses hautes pensées et de ses importantes occupations dans le* plaisir des spectacles, *et de ne point dédaigner rire de cette même bouche dont Elle prie si bien Dieu ».*

C'était mettre par avance la pièce dangereuse sous l'auguste protection d'Anne d'Autriche, que sa piété sincère désignait comme une adversaire de la première heure. Vous êtes orfèvre, Monsieur Josse !

***

Un an plus tard, le lundi 12 mai 1664, les trois premiers actes du TARTUFFE *se glissaient, aux fêtes de Versailles, dans la sixième et avant-dernière journée des* Plaisirs de l'Ile Enchantée, *entre un ballet et un carrousel.*

La comédie nouvelle fut trouvée « fort divertissante, — dit une Relation officielle — ; mais quoi qu'on ne doutât point des bonnes intentions de l'auteur, le Roi défendit cette pièce pour le public jusqu'à ce qu'elle fût entièrement achevée et examinée par des gens capables d'en juger. »

D'autre part, la Gazette *écrit, le* 17 *mai, que « S. M., pleinement éclairée en toutes choses, jugea la pièce de théâtre intitulée* L'HYPOCRITE *absolument injurieuse à la Religion et capable de produire de très dangereux effets ».*

La vérité était que le jeune Roi personnellement ne trouvait rien à dire à cette comédie, qui n'avait pu être représentée devant la Cour qu'avec son assentiment, peut-être même — et c'était l'opinion du Père Rapin — par son ordre.

Aussi le libelle du curé de Saint-Barthélemy, le Roy glorieux au monde, *pamphlet de la dernière violence qui dénonçait Molière comme un démon vêtu de chair et habillé en homme, un libertin, un impie digne d'être brûlé publiquement, n'eut-il aucun succès auprès de Louis XIV. Molière put d'ailleurs se défendre de vive voix, par de fréquents voyages à Fontainebleau, où il séjourna même avec sa troupe du* 21 *juillet au* 13 *août.*

Par une heureuse coïncidence, le cardinal Chigi, légat a latere *et neveu du Pape, venait d'arriver à la Cour pour réparation de l'insulte faite au duc de Créqui, notre ambassadeur à Rome, et l'œuvre sus-*

pecte put être soumise à son examen ; il l'approuva, et il sembla — selon l'expression des ennemis de Molière — que l'envoyé d'Alexandre VII ne fût venu en France que pour donner son approbation au TARTUFFE. *Plusieurs prélats, auxquels Molière fit des lectures particulières de sa comédie, jugèrent aussi qu'elle ne blessait en rien ni les lois de Dieu, ni les lois de l'Eglise.*

La cabale eut beau crier, tempêter, faire vacarme ; Molière pouvait dire avec Cléante, l'honnête homme, le sage de sa pièce :

Allez, tous vos discours ne me font point de peur.

Il terminait silencieusement son œuvre, et, dans un premier placet au Roi, demandait l'autorisation de la représenter « pour faire voir au public que sa comédie n'était rien moins que ce qu'on voulait qu'elle fût. »

La défense fut provisoirement maintenue ; mais le 25 septembre, c'est-à-dire quatre mois après les fêtes de Versailles, les trois premiers actes étaient de nouveau représentés, avec applaudissements, à Villers-Cotterets, pour S. A. R. Monsieur, frère unique du Roi, qui régalait Leurs Majestés et la Cour. Enfin, deux mois plus tard, le 29 novembre, LE TARTUFFE, *achevé, était représenté en cinq actes, à huis clos, chez la princesse Palatine, au château du Raincy, pour S. A. Mgr le prince de Condé, qui se déclara toujours le défenseur zélé de la pièce, le protecteur et l'ami du poète.*

L'année suivante, Molière se vengea de la cabale qui arrêtait sa comédie par la définition terrible de l'hypocrisie qu'il glissa dans le 5e acte de DON JUAN *(15 février 1665) ; de là, nouveau pamphlet*[1]*, signé cette fois par un sieur de Rochemont, avocat au Parlement, qui pensait perdre entièrement Molière dans l'esprit du Roi. Mais Louis XIV fit connaître assez ses véritables sentiments en nommant les comédiens de Monsieur « troupe du Roy au Palais-Royal » avec une pension*[2] *de six mille livres (14 août 1665), et le 8 novembre, une nouvelle représentation du* TARTUFFE *était donnée au Raincy, encore pour le prince de Condé.*

L'année 1666 débute par une maladie grave de Molière, qui prend patience en produisant un autre chef-d'œuvre, LE MISANTROPE *(4 juin), et en faisant de nombreuses lectures particulières du* TARTUFFE, *chez Ninon de Lanclos, chez Habert de Montmort où se trouvaient Chapelain et l'abbé de Marolles, chez Mmes de Longueville et de Sablé, etc., etc.*

Molière, avec *Tartuffe*, y doit jouer son rôle.

Grimarest, qui put être bien informé par son ami

---

1. *Observations sur une Comédie de Molière intitulée le Festin de Pierre,* par B. A. Sr D. R., advocat au Parlement. Avril 1665.

2. Elevée à 7,000 livres en 1670.

Baron, prétend que Molière ne lisait que jusqu'au IVe acte ; de sorte que ce fut une véritable nouveauté, attendue avec la plus vive impatience, que la première représentation publique de L'IMPOSTEUR, *donnée au Palais-Royal le* 5 *août* 1667. *On s'y porta en foule, et la recette fut de* 1890 *livres, soit* 138 *livres par part d'acteur.*

En vain Molière avait changé le titre et déguisé le personnage principal sous le nom de Panulphe et sous l'ajustement d'un homme du monde, en lui donnant un petit chapeau, de grands cheveux, un grand collet, une épée, et des dentelles sur tout l'habit ; malgré plusieurs adoucissements et suppressions de passages suspects, le lendemain 6, le premier président du Parlement, M. de Lamoignon, défendit la pièce « jusqu'à nouvel ordre de Sa Majesté ». Le Roi, par malheur, était alors au camp devant Lille. Molière ferma son théâtre, fit sur-le-champ partir en Flandre deux de ses comédiens, La Thorillière et La Grange, porteurs d'un second placet, qui n'obtint pas de réponse péremptoire. L'interdiction de L'IMPOSTEUR *était provisoirement maintenue, et un mandement de l'archevêque de Paris, Hardouin de Péréfixe, venait d'en défendre la lecture, l'audition ou le spectacle*[1]. *Ce fut une affaire*

---

1. *Ordonnance* du 11 août 1667. Paris, Muguet, in-f° (Bibl. Nat.).

Huit jours après parut la *Lettre sur l'Imposteur,* que l'on a attribuée à Chapelle, pour ne pas dire à Molière lui-même.

d'Etat. Le théâtre fit un relâche de sept semaines, et dix-huit mois devaient encore se passer avant que la pièce pût être représentée sans interruption. En septembre 1668, LE TARTUFFE *se hasarde aux fêtes de Chantilly, chez le grand Condé, qui l'avait fait représenter à Paris, en son hôtel, le 4 mars précédent, et le 5 février 1669 seulement, il reparaît définitivement au Palais-Royal, devant une recette de 2,860 livres ; il y fut représenté vingt-huit fois consécutives jusqu'à la clôture de Pâques, plus cinq fois* en visites, *dont une chez Madame et une chez la Reine.*

Molière était vainqueur ! Il ne devait, hélas ! pas jouir longtemps de son triomphe : ces luttes perpétuelles avaient miné sa santé déjà chancelante, il n'avait plus que quatre années à vivre (assez pour donner encore huit chefs-d'œuvre) : il avait mis dix ans à méditer et parfaire Tartuffe[1].

* * *

Le succès fut énorme. Reprise à la rentrée de Pâques, la pièce fut donnée vingt fois encore en 1669, dix-huit en 1670, neuf en 1671 et cinq en 1672.

---

1. Ne possédant pas d'autre texte que celui de 1669, nous n'avons pas cru devoir placer *le Tartuffe* à la date de 1664 ou à celle de 1667, comme l'ont fait de précédents éditeurs.

Molière s'était chargé du rôle principal, le plus long et le plus difficile, celui d'Orgon [1].

Du Croisy joua Tartuffe ; La Thorillière, Cléante ; La Grange, Valère ; Hubert, Damis ; De Brie, M. Loyal, et Chasteauneuf, l'exempt ; Louis Béjart parut sous les traits de Mme Pernelle ; sa sœur Madeleine joua Dorine ; Mlle Molière, Elmire, et Mlle De Brie, Marianne.

Sauf Loyal et l'exempt, tous ces noms sont donnés par le gazetier Robinet, qui loue le jeu naturel de ces interprètes stylés par le Maître.

La Bibliothèque de l'Arsenal conserve un précieux et rarissime témoin de ce succès exceptionnel. C'est une image, pour abat-jour ou écran, qui dut être fort répandue au moment de la vogue des premières représentations, et dont il ne reste peut-être aujourd'hui que ce seul exemplaire :

Un cercle de 25 centimètres de diamètre est divisé en quatre parties égales. Chaque quadrant représente, dans le même décor éclairé de deux petits lustres, une des scènes principales de l'œuvre, gravée dans le goût de François Chauveau ou d'Ertinger, accompagnée du texte de Molière, également gravé.

Au centre, titre circulaire : LE TARTUFFE OU L'IMPOSTEUR. *Le premier quadrant représente la*

1. Son costume consistait en « pourpoint, chausses et manteau de vénitienne noire, le manteau doublé de tabis et garni de dentelle d'Angleterre » (*Inventaire de* 1673).

scène v *du* Ier *acte : Orgon, Cléante et Dorine. « Ah ! mon frère, bonjour. » Le second, la scène* II *du* IIIe *: Tartuffe présentant le mouchoir à Dorine. Le troisième, la scène* IV *du* IVe *: Elmire tousse pour avertir son mari, qu'on voit sous la table. Le dernier, la scène* IV *du* V^e^ *: « Salut, Monsieur. » Orgon, Damis, M. Loyal sont au premier plan ; les autres, au fond.*

Ces gravures, d'un art médiocre, donnent de très précieuses indications pour les costumes et la mise en scène de 1669 ; ainsi Cléante est en habit de cavalier, très élégant, trop élégant pour son caractère : il porte l'épée et beaucoup de rubans. Dorine est en robe longue à traîne ; seul, un long tablier la distingue d'une bourgeoise aisée. Elmire est très parée, plus richement que dans l'estampe connue de la seconde édition.

A la grande scène de la table, au IVe *acte, Tartuffe, courbé,* baise la main d'Elmire ; *il n'a ni épée, ni dentelles, porte le rabat et le petit chapeau : Molière n'avait donc pas maintenu les concessions qu'il avait dû faire en 1667 ? En 1669, Tartuffe est habillé à peu près comme M. Loyal et Orgon. Ce dernier, avec sa large barbe au milieu du visage, ne rappelle guère les traits de Molière, dont les meilleurs successeurs dans ce rôle furent Rosimont, Du Chemin, Bonneval, Des Essarts, Caumont, Grandmesnil, Devigny, Grandville, Duparai et Provost.*

Après Du Croisy, retiré du théâtre en 1689, le rôle de Tartuffe passa dans l'emploi des comiques, mais il revint plus tard aux premiers rôles.

Augé y fut, dit-on, tout à fait supérieur. Après lui, Vanhove, La Rochelle, Molé, Fleury, Damas, Baptiste aîné, Cartigny, Michelot, Firmin, Samson, Ligier, Beauvallet, Geffroy, Leroux, Bressant, l'ont joué avec succès, chacun selon sa nature et son tempérament. M. Régnier s'y est essayé à Londres et à Amsterdam, M. Got au bénéfice de Déjazet, et M. Coquelin à Bruxelles, à Vienne, en Amérique.

Aussitôt après la première représentation, Molière fit imprimer la pièce à ses frais, puis la vendit 200 pistoles à Ribou, qui en fit immédiatement une seconde édition ; une contrefaçon avait été saisie chez le libraire Hesnault.

L'année suivante, LE TARTUFFE *était déjà adapté à la scène anglaise, sous le titre de* THE FRENCH PURITAN *« with much addition and advantage », par Matthew Medbourne, comédien du duc d'York*[1].

En quoi consistaient ces « additions et améliorations » du traducteur ? Medbourne a ajouté à la liste des personnages celui de Laurence : c'est Laurent, le valet de Tartuffe, qui, s'il paraissait à l'entrée de son maître du temps de Molière, ne figurait

1. Représenté sur le Théâtre Royal, et imprimé à Londres, in-4° de 66 p., 1670.

chez nous que comme acteur muet, et qui depuis lors est resté dans la coulisse[1].

Le Ier *acte du* French Puritan *finit par une scène entre Laurence et Dorine, suivie de l'apparition de Tartuffe, qui dit un vers au* Ier *acte, tandis que dans Molière il n'entre pour la première fois qu'à la scène* III *du* IIIe *acte.*

L'acte II *de Medbourne renferme une autre scène entre Dorine et Laurence, qui chante trois couplets et* danse !

La scène VIII *du* IIIe *acte montre Laurence avec Tartuffe, et la scène* IX *Mme Pernelle en compagnie de Flipote qui, elle aussi, est délivrée par Medbourne du mutisme où l'avait condamnée Molière.*

A l'acte IV, *nouvelles scènes entre Laurence et Dorine, et Laurence et Tartuffe.*

L'acte V^e^ *enfin s'ouvre par une conversation de Dorine avec Cléante. La fin de la pièce, toute remaniée, est méconnaissable. Avant de prononcer*

> L'union de Valère avecque Marianne,

on exécute un petit ballet (here a dance of eight), *une manière de quadrille croisé dans lequel Cléante danse avec Elmire, Valère avec Marianne, Damis avec Flipote et Laurence avec Dorine*[2].

---

1. *La Critique du Tartuffe*, comédie qui parut en 1670, met Laurent en scène et le fait parler assez longuement.

2. Cette mode anglaise d'introduire des danses dans les

Et voilà comme on améliore nos pièces de l'autre côté du détroit !

*L'*English Friar *de Crowne* (1690) *s'est également inspiré du chef-d'œuvre de Molière, ainsi que le* DOUBLE DEALER *de Congreve* (1694), *le* NON-JUROR *de Cibber, représenté à Drury-Lane en* 1717, *et* THE HYPOCRITE *de Bickerstaffe* (1768).

En France, LE TARTUFFE *n'a jamais quitté le répertoire : la plupart des critiques l'ont considéré comme le suprême effort de la haute comédie, et, il y a cent ans, le* Censeur Dramatique *ne craignait pas de déclarer que* « LE TARTUFFE *est le plus bel ouvrage qui soit sorti de la main des hommes*[1] ».

Au moment même où je termine cette notice, le Mémorial cauchois, *journal « républicain, agricole, commercial et maritime », publie* LE TARTUFFE *en feuilleton deux fois par semaine. Ce nom :* MOLIÈRE, *à la place où s'étalent d'ordinaire les signatures des Ponson du Terrail et des Montépin, cette* « Suite au prochain numéro » *attendue par les populations rurales, n'est-ce pas la vraie gloire, au bout de deux siècles ?*

---

ouvrages dramatiques s'est perpétuée jusqu'à nos jours ; la *Dame aux Camélias* et autres comédies modernes sont représentées à Londres, mêlées de gigues inattendues et parfaitement étrangères au sujet.

1. Tome Ier, p. 130. *Sur Molière,* 1797.

*
* *

On a souvent signalé comme une des sources probables du TARTUFFE, *les* HYPOCRITES *de Scarron, nouvelle « tournée de l'espagnol en français » et imprimée pour la première fois en* 1655. *Molière s'est certainement souvenu de Montufar, surtout dans la scène où Tartuffe feint de défendre Damis contre la colère d'Orgon ; mais il s'est plus visiblement encore inspiré d'un roman publié en* 1648 : POLYANDRE, *histoire comique, sans nom d'auteur, qu'on s'accorde à attribuer au fécond Sorel.*

J'ai publié, dans le dernier volume du Moliériste[1], *les fragments dont Molière a tiré l'exposition du* TARTUFFE, *le personnage de Mme Pernelle et celui de Flipote, et jusqu'à l'ébauche de son imposteur dans le travestissement de Polyandre en frère Polycarpe. Ce ne sont là que des détails, fort curieux à la vérité, mais qui laissent à Molière toute la gloire de la portée philosophique et sociale du* TARTUFFE, *sur laquelle on ne saurait trop insister.*

*
* *

Comme nous le disions en commençant, LE TARTUFFE *n'est pas une œuvre à part dans l'œuvre de*

1. Tome X, 1889, *Mme Pernelle, Flipote et M. Tartuffe dans un roman de Ch. Sorel* (p. 97 à 108 et 129 à 140).

Molière. Fidèle à son triple cri de guerre: Sus au mensonge, sus à l'excès, sus à la sottise! c'est en suivant la route tracée qu'il a peint l'hypocrite de dévotion, comme il avait peint l'hypocrite d'amour, le faux éducateur, le faux philosophe, comme il peindra le faux savant, le faux poète, le faux malade.

Seulement, ici Molière a fait coup double; s'attaquant sans relâche aux désordres que peut amener l'hypertrophie d'un vice, d'une passion exclusive, absorbante, d'une vertu même trop absolue, il avait condamné l'excès de franchise et de rectitude dans LE MISANTROPE; *dans* LE TARTUFFE, *il condamne l'excès de piété, de dévotion et de renoncement aux choses de la terre. Sans doute il a d'abord et surtout voulu frapper le faux dévot et démasquer l'hypocrite : son sous-titre,* L'IMPOSTEUR, *l'indique assez. Mais à côté, au-dessus de Tartuffe il a mis Orgon, c'est-à-dire le dévot sans hypocrisie, mais fanatique, aveugle, étroit, à la fois victime et bourreau, le mauvais dévot.*

En lui Molière a combattu l'exagération :

> Et la plus noble chose, on la gâte souvent
> Pour la vouloir outrer et pousser trop avant !

Il faut rester, même en dévotion, dans la juste mesure, et ne pas s'absorber dans des pratiques exclusives qui, nous faisant négliger les premiers devoirs de la vie, nous assimileraient aux pires égoïstes.

Le bon et vrai dévot, « qu'on doit suivre à la trace », est humble de cœur, doux, patient, libéral, oublieux des injures ; il pratique simplement la morale du Christ, qui se résume en ces mots : l'amour du prochain, la charité. Le dévot outré est orgueilleux, despote, intolérant, intéressé, vindicatif.

L'Imitation, *ce livre admirable, divin même, doit être bien compris pour nous être un viatique : qui le suivrait à la lettre ne pourrait vivre que dans un cloître, et le cénobitisme n'est pas précisément le but de l'existence.*

Le travail est encore la meilleure des prières. Penser sans cesse à la vie future ne nous apprend pas à bien vivre la vie réelle, à agir, à lutter, à souffrir ; c'est une mauvaise école d'énergie que la mortification et l'humilité poussée à l'extrême ; la volonte s'épuise, s'étiole et dépérit dans la méditation constante et l'attente prolongée des joies de l'éternité.

C'est d'ailleurs placer sa vertu à gros intérêt que de n'agir qu'en vue de son salut. Donner « pour que Dieu vous le rende » est de la charité usuraire. Molière, comme Don Juan, donne « par amour de l'humanité ». Voilà le dernier mot et comme le résumé de sa bonne et saine philosophie.

Molière est, en outre, un génie pratique, positif, terre-à-terre si l'on veut : comme Cervantès, il est pour le réel et l'immédiat contre le rêve et la chimère ; c'est au nom du bon sens et de l'ordre qu'il combat tout ce qui peut conduire à la mysticité, comme le soldat de Lépante a ridiculisé les hallucinations de l'orgueil qui mènent à la folie. Tous deux sont, par excellence, des anti-visionnaires, *pourfendeurs de l'imaginaire et du faux.*

Molière, enfin, est pour le Rire : comme Rabelais, il aime le clair soleil et le ciel bleu ; il estime que la vie n'est déjà pas si gaie, et qu'il est mauvais de l'assombrir encore par d'austères et chimériques contraintes. Il pense, avant Diderot, que si l'on voit fréquemment les dévots si durs, si fâcheux, si insociables, « c'est qu'ils se sont imposé une tâche qui ne leur est pas naturelle ; ils souffrent, et, quand on souffre, on fait souffrir les autres[1] *» ; témoins Orgon, vrai tyran domestique, et la vieille Pernelle, acariâtre et violente, trouble-fête et rabat-joie. Molière n'est pas de ceux qui disent : « Malheur à vous qui riez, car vous pleurerez ! »*

Et, en plaidant pour le Rire, il plaidait pro domo. *Jamais on ne s'était si fort déchaîné contre le Théâtre, et le prince de Conti lui-même, après s'être déclaré le protecteur de son ancien condisciple au collège de Clermont, venait de laisser comme testament un* Traité de la Comédie *où* l'Ecole des Femmes *et* Don Juan *n'étaient pas épargnés. Molière se sentait sérieusement menacé, et quand il écrivait au Roi qu' « il ne fallait plus songer à faire des comédies si les Tartuffes avaient l'avan-*

1. Le *Neveu de Rameau*, p. 70 de l'édition elzévirienne.

tage », c'était le chef de troupe qui défendait sa maison, son industrie, les intérêts de ses associés : le directeur, ici, faisait cause commune avec le poète.

Molière croit que le premier but de la vie, c'est de vivre, de bien vivre, conformément à la Nature, conformément à notre nature, et que c'est rendre un singulier hommage au Créateur de mépriser ses créatures [1]*, de fermer les yeux aux merveilles répandues autour de nous, de ne pas exercer tous nos sens, toutes nos facultés à en jouir avec plénitude.*

*Molière — auquel, en vrai fils de Térence, rien d'*humain *n'était étranger — ne pouvait être l'homme de la Grâce, qui est incompatible avec le goût des choses terrestres ; il ne pouvait approuver le détachement de ces dévots contre nature, de ces pharisiens orgueilleux qui, les yeux toujours tournés vers le Ciel, méprisent les choses de la terre, n'ont plus ni patrie, ni famille, ni amis, qui « comme du fumier regardent tout le monde* [2] *», et qui « verraient mourir frère, enfants, mère et femme » sans sourciller.*

Les dénoncer, les flétrir et les corriger, voilà le vrai but du TARTUFFE, *qui serait œuvre moins profonde et moins haute, et surtout moins originale et*

---

1. *Du mépris de toutes les créatures, pour trouver le Créateur,* est le titre du chap. XXXI (livre III) de l'*Imitation de J.-C.* : « Si l'on n'est parfaitement détaché de toutes choses créées — y est-il dit — on ne pourra s'appliquer librement aux choses divines. »

2. Omnia terrena arbitratur ut stercora (*Imitation*, Liv. III, ch. III in fine).

moins neuve, s'il n'avait frappé que les faux dévots et les imposteurs.

C'était un acte de courage de démasquer Tartuffe s'introduisant dans les familles pour y voler la place du père et du mari, en chasser les enfants et les dépouiller ; c'était faire plus encore que de montrer où peuvent conduire cette parole de saint Luc : « *Celui qui vient à Jésus* et ne hait point ses parents *ne peut être son disciple*[1] », *et cette autre de saint Alphonse de Liguori :* « *Il est nécessaire, pour arriver à la parfaite union avec Dieu, de se détacher totalement des créatures ; il faut en particulier* que nous renoncions à l'amour déréglé des parents[2] ».

S'élever contre ces maximes pernicieuses qui, mal comprises ou interprétées par des esprits étroits, tendent à troubler et finalement à détruire l'esprit de famille et de société dont Molière fut en somme le défenseur et l'avocat, c'était vraiment faire du théâtre une chaire ; c'était élever autel contre autel. L'Eglise ne pouvait tolérer une concurrence aussi scandaleuse, et si Despréaux louait « *la plus burlesque parole* » *de son ami* « *de valoir un docte sermon* », *Bossuet n'a jamais pardonné au bouffon Molière d'avoir osé s'élever jusqu'à l'éloquence sur des tréteaux jusque-là consacrés aux lazzis de la Farce.*

---

1. Chapitre XIV, verset 26.
2. *La Pratique de l'Amour envers J.-C.*

Qu'importe l'anathème de Bossuet ? Molière pouvait répondre à l'évêque de Meaux, comme autrefois à la cabale :

> Allez tous vos discours ne me font point de peur :
> Je sais comme je parle, et le Ciel voit mon cœur !

Partout, dans sa vie, dans son œuvre, domine l'idée du Bien, inséparable de l'idée de Dieu.

Dès qu'il se sentit proche de sa fin, il fit paraître — dit Grimarest, d'après le témoignage de Baron, « tous les sentiments d'un bon chrétien et toute la résignation qu'il devait à la volonté du Seigneur ». Il tourna ses pensées vers le Ciel et demanda avec instances un prêtre pour recevoir les secours de la religion.

Et pendant que le clergé de Saint-Eustache se refusait à lui administrer les sacrements, Molière rendit sa grande âme à Dieu entre les bras de deux pauvres religieuses qui venaient quêter à Paris pendant le carême et qu'il recueillait sous son toit et à son foyer.

La Charité, qui lui ferma les yeux, vint encore s'asseoir à son tombeau : deux ans après sa mort, il y eut un hiver très rigoureux ; sa veuve fit porter au cimetière Saint-Joseph cent voies de bois qui furent brûlées sur sa tombe pour chauffer les pauvres du quartier. Molière faisait le bien jusque dans la mort.

GEORGES MONVAL.

LE TARTUFFE

OU

L'IMPOSTEUR

COMÉDIE

PRÉFACE

VOICI *une comédie dont on a fait beaucoup de bruit, qui a été longtemps persécutée; et les gens qu'elle joue ont bien fait voir qu'ils étoient plus puissants en France que tous ceux que j'ai joués jusques ici. Les marquis, les précieuses, les cocus, et les médecins, ont souffert doucement qu'on les ait représentés, et ils ont fait semblant de se divertir, avec tout le monde, des peintures que l'on a faites d'eux. Mais les hypocrites n'ont point entendu raillerie ; ils se sont effarouchés d'abord, et ont trouvé étrange que j'eusse la hardiesse de jouer leurs grimaces, et de vouloir décrier un métier dont tant d'honnêtes gens se mêlent. C'est un crime qu'ils ne sauroient me pardonner, et ils se sont tous armés contre ma comédie avec une fureur épouvantable. Ils n'ont eu garde de l'attaquer par le côté qui les a blessés : ils sont trop politiques pour cela, et savent trop bien vivre pour découvrir le fond de leur âme. Suivant leur louable coutume, ils ont couvert leurs intérêts de la cause de Dieu, et le* Tartuffe, *dans leur bouche, est une pièce qui offense la piété. Elle est, d'un bout à l'autre, pleine d'abominations, et l'on n'y trouve rien qui ne mérite le feu. Toutes les syllabes en sont impies; les gestes mêmes y sont criminels, et le moindre coup d'œil, le moindre branlement de tête, le moindre pas à droit ou à gauche, y cache des mystères qu'ils trouvent moyen d'expliquer à mon désavantage. J'ai eu beau la soumettre aux lumières de mes amis et à la censure de tout le monde. Les corrections que j'y ai pu faire; le jugement du Roi et de la Reine, qui l'ont vue; l'approbation des grands princes et de messieurs les ministres, qui l'ont honorée publiquement de leur présence; le témoignage des gens de bien, qui l'ont trouvée profitable, tout cela n'a de rien servi. Ils n'en veulent point démordre, et, tous les jours encore, ils font crier en public des zélés indiscrets, qui me disent des injures pieusement, et me damnent par charité.*

Je me soucirais fort peu de tout ce qu'ils peuvent dire, n'étoit l'artifice qu'ils ont de me faire des ennemis que je respecte, et de jeter dans leur parti de véritables gens de bien, dont ils préviennent la bonne foi, et qui, par la chaleur qu'ils ont pour les intérêts du Ciel, sont faciles à recevoir les impressions qu'on veut leur donner. Voilà ce qui m'oblige à me défendre. C'est aux vrais dévots que je veux partout me justifier sur la conduite de ma comédie; et je les conjure de tout mon cœur de ne point condamner les choses avant que de les voir, de se défaire de toute prévention, et de ne point servir la passion de ceux dont les grimaces les déshonorent.

Si l'on prend la peine d'examiner de bonne foi ma comédie, on verra sans doute que mes intentions y sont partout innocentes, et qu'elle ne tend nullement à jouer les choses que l'on doit révérer; que je l'ai traitée avec toutes les précautions que me demandait la délicatesse de la matière, et que j'ai mis tout l'art et tous les soins qu'il m'a été possible pour bien distinguer le personnage de l'hypocrite d'avec celui du vrai dévot. J'ai employé pour cela deux actes entiers à préparer la venue de mon scélérat. Il ne tient pas un seul moment l'auditeur en balance; on le connaît d'abord aux marques que je lui donne, et, d'un bout à l'autre, il ne dit pas un mot, il ne fait pas une action qui ne peigne aux spectateurs le caractère d'un méchant homme, et ne fasse éclater celui du véritable homme de bien, que je lui oppose.

Je sais bien que, pour réponse, ces messieurs tâchent d'insinuer que ce n'est point au théâtre à parler de ces matières; mais je leur demande, avec leur permission, sur quoi ils fondent cette belle maxime. C'est une proposition qu'ils ne font que supposer, et qu'ils ne prouvent en aucune façon: et sans doute il ne serait pas difficile de leur faire voir que la Comédie, chez les anciens, a pris son origine de la religion et faisait partie de leurs mystères; que les Espagnols, nos voisins, ne célèbrent guère de fête où la comédie ne soit mêlée; et que même, parmi nous, elle doit sa naissance aux soins d'une confrérie à qui appartient encore aujourd'hui l'hôtel de Bourgogne; que c'est un lieu qui fut donné pour y représenter les plus importants mystères de notre foi; qu'on en voit encore des comédies imprimées en lettres gothiques sous le nom d'un docteur de Sorbonne; et, sans aller chercher si loin, que l'on a joué, de notre temps, des pièces saintes de M. de Corneille, qui ont été l'admiration de toute la France.

Si l'emploi de la comédie est de corriger les vices des hommes, je ne vois pas par quelle raison il y en aura des privilégiés. Celui-ci est, dans l'État, d'une conséquence bien plus dangereuse que tous les autres, et nous avons vu que le théâtre a une grande vertu pour la correction. Les plus beaux traits d'une sérieuse morale sont moins puissants, le plus souvent, que ceux de la satire, et rien ne reprend mieux la plupart des hommes que la peinture de leurs défauts. C'est une grande atteinte aux vices que de les exposer à la risée de tout le monde. On souffre aisément des répréhensions, mais on ne souffre point la raillerie; on veut bien être méchant, mais on ne veut point être ridicule.

On me reproche d'avoir mis des termes de piété dans la bouche de mon imposteur; et pouvais-je m'en empêcher, pour bien représenter le caractère d'un hypocrite? Il suffit, ce me semble, que je fasse connaître les motifs criminels qui lui font dire les choses, et que j'en aie retranché les termes consacrés, dont on aurait eu peine à lui entendre faire un mauvais usage. — Mais il débite, au quatrième acte, une morale pernicieuse. — Mais cette morale est-elle quelque chose dont tout le monde n'eût les oreilles rebattues? Dit-elle rien de nouveau dans ma comédie, et peut-on craindre que des choses si généralement détestées fassent quelque impression dans les esprits? que je les rende dangereuses en les faisant monter sur le théâtre? qu'elles reçoivent quelque autorité de la bouche d'un scélérat? Il n'y a nulle apparence à cela, et l'on doit approuver la comédie du Tartuffe, *ou condamner généralement toutes les comédies.*

C'est à quoi l'on s'attache furieusement depuis un temps, et jamais on ne s'était si fort déchaîné contre le théâtre. Je ne puis pas nier qu'il n'y ait eu des Pères de l'Eglise qui ont condamné la comédie; mais on ne peut pas me nier auss qu'il n'y en ait eu quelques-uns qui l'ont traitée un peu plus doucement. Ainsi l'autorité, dont on prétend appuyer la censure, est détruite par ce partage; et toute la conséquence qu'on peut tirer de cette diversité d'opinions en des esprits éclairés des mêmes lumières, c'est qu'ils ont pris la comédie différemment, et que les uns l'ont considérée dans sa pureté, lors que les autres l'ont regardée dans sa corruption et confondue avec tous ces vilains spectacles qu'on a eu raison de nommer des spectacles de turpitude.

Et, en effet, puisqu'on doit discourir des choses, et non pas des mots, et que la plupart des contrariétés viennent de ne se pas entendre, et d'envelopper dans un même mot des choses opposées, il ne faut qu'ôter le voile de l'équivoque, et regarder ce qu'est la comédie en soi, pour voir si elle est condamnable. On connaîtra sans doute que, n'étant autre chose qu'un poème ingénieux qui, par des leçons agréables, reprend les défauts des hommes, on ne sauroit la censurer sans injustice. Et, si nous voulons ouïr là-dessus le témoignage de l'antiquité, elle nous dira que ses plus célèbres philosophes ont donné des louanges à la comédie, eux qui faisoient profession d'une sagesse si austère, et qui criaient sans cesse après les vices de leur siècle. Elle nous fera voir qu'Aristote a consacré des veilles au théâtre, et s'est donné le soin de réduire en préceptes l'art de faire des comédies. Elle nous apprendra que de ses plus grands hommes, et des premiers en dignité, ont fait gloire d'en composer eux-mêmes; qu'il y en a eu d'autres qui n'ont pas dédaigné de réciter en public celles qu'ils avoient composées; que la Grèce a fait pour cet art éclater son estime par les prix glorieux et par les superbes théâtres dont elle a voulu l'honorer, et que, dans Rome enfin, ce même art a reçu aussi des honneurs extraordinaires : je ne dis pas dans Rome débauchée et sous la licence des empereurs, mais dans Rome disciplinée, sous la sagesse des consuls, et dans le temps de la vigueur de la vertu romaine.

J'avoue qu'il y a eu des temps où la comédie s'est corrompue. Et qu'est-ce que dans le monde on ne corrompt point tous les jours? Il n'y a chose si innocente où les hommes ne puissent porter du crime; point d'art si salutaire dont ils ne soient capables de renverser les intentions; rien de si bon en soi qu'ils ne puissent tourner à de mauvais usages. La médecine est un art profitable, et chacun la révère comme une des plus excellentes choses que nous ayons; et cependant il y a eu des temps où elle s'est rendue odieuse, et souvent on en a fait un art d'empoisonner les hommes. La philosophie est un présent du Ciel : elle nous a été donnée pour porter nos esprits à la connaissance d'un Dieu par la contemplation des merveilles de la nature, et pourtant on n'ignore pas que souvent on l'a détournée de son emploi, et qu'on l'a occupée publiquement à soutenir l'impiété. Les choses, même les plus saintes, ne sont point à couvert de la corruption des hommes, et nous voyons des scélérats qui, tous les jours, abusent de la piété et la font servir méchamment aux crimes les plus grands; mais on ne laisse pas pour cela de faire les distinctions qu'il est besoin de faire. On n'enveloppe point dans une fausse conséquence la bonté des choses que l'on corrompt, avec la malice des corrupteurs; on sépare toujours le mauvais usage d'avec l'intention de l'art; et, comme on ne s'avise point de défendre la médecine, pour avoir été bannie de Rome, ni la philosophie, pour avoir été condamnée publiquement dans Athènes, on ne doit point aussi vouloir interdire la comédie pour avoir été censurée en de certains temps. Cette censure a eu ses raisons, qui ne subsistent point ici. Elle s'est renfermée dans ce qu'elle a pu voir, et nous ne devons point la tirer des bornes qu'elle s'est données, l'étendre plus loin qu'il ne faut, et lui faire embrasser l'innocent avec le coupable. La comédie qu'elle a eu dessein d'attaquer n'est point du tout la comédie que nous voulons défendre. Il se faut bien garder de confondre celle-là avec celle-ci. Ce sont deux personnes, de qui les mœurs sont tout à fait opposées. Elles n'ont aucun rapport l'une avec l'autre que la ressemblance du nom, et ce serait une injustice épouvantable que de vouloir condamner Olimpe, qui est femme de bien, parce qu'il y a eu une Olimpe qui a été une débauchée. De semblables arrêts, sans doute, feraient un grand désordre dans le monde. Il n'y auroit rien, par là, qui ne fût condamné; et, puisque l'on ne garde point cette rigueur à tant de choses dont on abuse tous les jours, on doit bien faire la même grâce à la comédie, et approuver les pièces de théâtre où l'on verra régner l'instruction et l'honnêteté.

Je sais qu'il y a des esprits dont la délicatesse ne peut souffrir aucune comédie; qui disent que les plus honnêtes sont les plus dangereuses; que les passions que l'on y dépeint sont d'autant plus touchantes qu'elles sont pleines de vertu, et que les âmes sont attendries par ces sortes de représentations. Je ne vois pas quel grand crime c'est que de s'attendrir à la vue d'une passion honnête; et c'est un haut étage de vertu que cette pleine insensibilité où ils veulent faire monter notre âme. Je doute qu'une si grande perfection soit dans les forces de la nature humaine, et je ne sais s'il n'est pas mieux de travailler à rectifier et adoucir les passions des hommes, que de vouloir les retrancher entièrement. J'avoue qu'il y a des lieux qu'il vaut mieux fréquenter que le théâtre; et, si l'on veut blâmer toutes les choses qui ne regardent pas directement Dieu et notre salut, il est certain que la comédie en doit être, et je ne trouve point mauvais qu'elle soit condamnée avec le reste; mais, supposé, comme il est vrai, que les exercices de la piété souffrent des intervalles, et que les hommes aient besoin de divertissement, je soutiens qu'on ne leur en peut trouver un qui soit plus inno-

cent que la comédie. Je me suis étendu trop loin. Finissons par un mot d'un grand prince sur la comédie du Tartuffe.

Huit jours après qu'elle eut été défendue, on représenta devant la cour une pièce intitulée : Scaramouche ermite, *et le Roi, en sortant, dit au grand prince que je veux dire : « Je voudrois bien savoir pourquoi les gens qui se scandalisent si fort de la comédie de Molière ne disent mot de celle de* Scaramouche ? » *A quoi le prince répondit : « La raison de cela, c'est que la comédie de* Scaramouche *joue le Ciel et la religion, dont ces messieurs-là ne se soucient point ; mais celle de Molière les joue eux-mêmes : c'est ce qu'ils ne peuvent souffrir. »*

LE LIBRAIRE

AU LECTEUR

COMME les moindres choses qui partent de la plume de Monsieur *de Molière* ont des beautés que les plus délicats ne se peuvent lasser d'admirer, j'ai cru ne devoir pas négliger l'occasion de vous faire part de ces placets et qu'il est à propos de les joindre à *Tartuffe* puisque partout il est parlé de cette incomparable pièce.

PREMIER PLACET

PRESENTÉ AU ROI

SUR LA COMÉDIE DU *TARTUFFE*

SIRE,

Le devoir de la Comédie étant de corriger les hommes en les divertissant, j'ai cru que, dans l'emploi où je me trouve, je n'avois rien de mieux à faire que d'attaquer par des peintures ridicules les vices de mon siècle ; et comme l'hypocrisie, sans doute, en est un des plus en usage, des plus incommodes et des plus dangereux, j'avais eu, Sire, la pensée que je ne rendrais pas un petit service à tous les honnêtes gens de votre royaume si je faisois une comédie qui décriât les hypocrites et mît en vue, comme il faut, toutes les grimaces étudiées de ces gens de bien à outrance, toutes les friponneries couvertes de ces faux-monnayeurs en dévotion, qui veulent attraper les hommes avec un zèle contrefait et une charité sophistique.

Je l'ai faite, Sire, cette comédie, avec tout le soin, comme je crois, et toutes les circonspections que pouvait demander la délicatesse de la matière ; et, pour mieux conserver l'estime et le respect qu'on doit aux vrais dévots, j'en ai distingué le plus que j'ai pu, le caractère que j'avois à toucher : je n'ai point laissé d'équivoque, j'ai ôté ce qui pouvait confondre le bien avec le mal, et ne me suis servi, dans cette peinture, que des couleurs expresses et des traits essentiels qui font reconnaître d'abord un véritable et franc hypocrite.

Cependant toutes mes précautions ont été inutiles : on a profité, SIRE, de la délicatesse de votre âme sur les matières de religion, et l'on a su vous prendre par l'endroit seul que vous êtes prenable, je veux dire par le respect des choses saintes. Les Tartuffes, sous main, ont eu l'adresse de trouver grâce auprès de Votre Majesté, et les originaux enfin ont fait supprimer la copie, quelque innocente qu'elle fût, et quelque ressemblante qu'on la trouvât.

Bien que ce m'ait été un coup sensible que la suppression de cet ouvrage, mon malheur pourtant était adouci par la manière dont Votre Majesté s'était expliquée sur ce sujet; et j'ai cru, SIRE, qu'elle m'ôtait tout lieu de me plaindre, ayant eu la bonté de déclarer qu'elle ne trouvait rien à dire dans cette comédie, qu'elle me défendait de produire en public.

Mais, malgré cette glorieuse déclaration du plus grand Roi du monde, et du plus éclairé; malgré l'approbation encore de monsieur le Légat et de la plus grande partie de nos prélats, qui tous, dans les lectures particulières que je leur ai faites de mon ouvrage, se sont trouvés d'accord avec les sentiments de Votre Majesté; malgré tout cela, dis-je, on voit un livre, composé par le curé de..., qui donne hautement un démenti à tous ces augustes témoignages. Votre Majesté a beau dire, et monsieur le Légat et messieurs les prélats ont beau donner leur jugement, ma comédie, sans l'avoir vue, est diabolique, et diabolique mon cerveau ; je suis un démon vêtu de chair et habillé en homme, un libertin, un impie digne d'un supplice exemplaire. Ce n'est pas assez que le feu expie en public mon offense, j'en serais quitte à trop bon marché; le zèle charitable de ce galant homme de bien n'a garde de demeurer là; il ne veut point que j'aie de miséricorde auprès de Dieu, il veut absolument que je sois damné; c'est une affaire résolue.

Ce livre, SIRE, a été présenté à Votre Majesté, et, sans doute, elle juge bien elle-même combien il m'est fâcheux de me voir exposé tous les jours aux insultes de ces messieurs;

quel tort me feront dans le monde de telles calomnies, s'il faut qu'elles soient tolérées, et quel intérêt j'ai enfin à me purger de son imposture, et à faire voir au public que ma comédie n'est rien moins que ce qu'on veut qu'elle soit. Je ne dirai point, SIRE, ce que j'avois à demander pour ma réputation, et pour justifier à tout le monde l'innocence de mon ouvrage : les rois éclairés comme vous n'ont pas besoin qu'on leur marque ce qu'on souhaite; ils voient, comme Dieu, ce qu'il nous faut, et savent mieux que nous ce qu'ils nous doivent accorder. Il me suffit de mettre mes intérêts entre les mains de Votre Majesté, et j'attends d'elle, avec respect, tout ce qu'il lui plaira d'ordonner là-dessus.

SECOND PLACET

PRÉSENTÉ AU ROI

DANS SON CAMP DEVANT LA VILLE DE LISLE

EN FLANDRE

SIRE,

C'est une chose bien téméraire à moi que de venir importuner un grand monarque au milieu de ses glorieuses conquêtes; mais, dans l'état où je me vois, où trouver, SIRE, une protection, qu'au lieu où je la viens chercher? et qui puis-je solliciter, contre l'autorité de la puissance qui m'accable, que la source de la puissance et de l'autorité, que le juste dispensateur des ordres absolus, que le souverain juge et le maître de toutes choses ?

Ma comédie, SIRE, n'a pu jouir ici des bontés de Votre Majesté; en vain je l'ai produite sous le titre de l'IMPOSTEUR, et déguisé le personnage sous l'ajustement d'un homme du monde ; j'ai eu beau lui donner un petit chapeau, de grands cheveux, un grand collet, une épée, et des dentelles sur tout l'habit; mettre en plusieurs endroits des adoucissements et retrancher avec soin tout ce que j'ai jugé capable de fournir l'ombre d'un prétexte aux célèbres originaux du portrait que je voulois faire; tout cela n'a de rien servi. La Cabale s'est réveillée aux simples conjectures qu'ils ont pù avoir de la chose. Ils ont trouvé moyen de surprendre des esprits qui, dans toute autre matière, font une haute profession de ne se point laisser surprendre. Ma comédie n'a pas plus tôt paru qu'elle s'est vue foudroyée par le coup d'un pouvoir qui doit imposer du respect; et tout ce que j'ai pu faire en cette rencontre, pour me sauver moi-même de l'éclat de cette tempête, c'est de dire que Votre Majesté avait eu la bonté de m'en permettre la représentation, et que je n'avois pas cru qu'il fût besoin de demander cette permission à d'autres, puisqu'il n'y avoit qu'Elle seule qui me l'eût défendue.

Je ne doute point, Sire, que les gens que je peins dans ma comédie ne remuent bien des ressorts auprès de Votre Majesté, et ne jettent dans leur parti, comme ils l'ont déjà fait, de véritables gens de bien, qui sont d'autant plus prompts à se laisser tromper qu'ils jugent d'autrui par eux-mêmes. Ils ont l'art de donner de belles couleurs à toutes leurs intentions; quelque mine qu'ils fassent, ce n'est point du tout l'intérêt de Dieu qui les peut émouvoir : ils l'ont assez montré dans les comédies qu'ils ont souffert qu'on ait jouées tant de fois en public sans en dire le moindre mot. Celles-là n'attaquoient que la piété et la religion, dont ils se soucient fort peu; mais celle-ci les attaque et les joue eux-mêmes, et c'est ce qu'ils ne peuvent souffrir. Ils ne sauraient me pardonner de dévoiler leurs impostures aux yeux de tout le monde ; et sans doute on ne manquera pas de dire à Votre Majesté que chacun s'est scandalisé de ma comédie. Mais la vérité pure, Sire, c'est que tout Paris ne s'est scandalisé que de la défense qu'on en a faite, que les plus scrupuleux en ont trouvé la représentation profitable, et qu'on s'est étonné que des personnes d'une probité si connue aient eu une si grande déférence pour des gens qui devraient être l'horreur de tout le monde, et sont si opposés à la véritable piété dont elles font profession.

J'attends avec respect l'arrêt que Votre Majesté daignera prononcer sur cette matière ; mais il est très assuré, SIRE, qu'il ne faut plus que je songe à faire des comédies, si les Tartuffes ont l'avantage ; qu'ils prendront droit par là de me persécuter plus que jamais, et voudront trouver à redire aux choses les plus innocentes qui pourront sortir de ma plume.

Daignent vos bontés, SIRE, me donner une protection contre leur rage envenimée ; et puissé-je, au retour d'une campagne si glorieuse, délasser Votre Majesté des fatigues de ses conquêtes, lui donner d'innocents plaisirs après de si nobles travaux, et faire rire le monarque qui fait trembler toute l'Europe !

TROISIÈME PLACET

PRÉSENTÉ AU ROI

SIRE,

Un fort honnête médecin, dont j'ai l'honneur d'être le malade, me promet et veut s'obliger, par-devant notaires, de me faire vivre encore trente années, si je puis lui obtenir une grâce de Votre Majesté. Je lui ai dit, sur sa promesse, que je ne lui demandois pas tant, et que je serois satisfait de lui, pourvu qu'il s'obligeât de ne me point tuer. Cette grâce, SIRE, est un canonicat de votre chapelle royale de Vincennes, vacant par la mort de...

Oserais-je demander encore cette grâce à Votre Majesté, le propre jour de la grande résurrection de TARTUFFE, ressuscité par vos bontés? Je suis, par cette première faveur, réconcilié avec les dévots, et je le serais, par cette seconde, avec les médecins. C'est pour moi sans doute trop de grâces à la fois ; mais peut-être n'en est-ce pas trop pour Votre Majesté, et j'attends, avec un peu d'espérance respectueuse, la réponse de mon placet.

ACTEURS

MADAME PERNELLE, mère d'Orgon.
ORGON, mari d'Elmire.
ELMIRE, femme d'Orgon.
DAMIS, fils d'Orgon.
MARIANNE, fille d'Orgon et amante de Valère.
VALÈRE, amant de Marianne.
CLÉANTE, beau-frère d'Orgon.
TARTUFFE, faux dévot.
DORINE, suivante de Marianne.
MONSIEUR LOYAL, sergent.
UN EXEMPT.
FLIPOTE, servante de madame Pernelle.

La scène est à Paris.

L'IMPOSTEUR

ACTE PREMIER

SCÈNE PREMIÈRE

MADAME PERNELLE ET FLIPOTE, SA SERVANTE ;
ELMIRE, MARIANNE, DORINE, DAMIS,
CLÉANTE.

MADAME PERNELLE.

Allons, Flipote, allons; que d'eux je me délivre.

ELMIRE.

Vous marchez d'un tel pas qu'on a peine à vous suivre.

MADAME PERNELLE.

Laissez, ma bru, laissez. Ne venez pas plus loin :
Ce sont toutes façons dont je n'ai pas besoin.

ELMIRE.

De ce que l'on vous doit envers vous on s'acquitte.
Mais, ma mère, d'où vient que vous sortez si vite ?

MADAME PERNELLE.

C'est que je ne puis voir tout ce ménage-ci,
Et que de me complaire on ne prend nul souci.
Oui, je sors de chez vous fort mal édifiée :
Dans toutes mes leçons j'y suis contrariée ;
On n'y respecte rien, chacun y parle haut,
Et c'est tout justement la cour du roi Petaud.

DORINE.

Si...

MADAME PERNELLE.

Vous êtes, ma mie, une fille suivante
Un peu trop forte en gueule, et fort impertinente ;
Vous vous mêlez sur tout de dire votre avis.

DAMIS.

Mais...

MADAME PERNELLE.

Vous êtes un sot, en trois lettres, mon fils :
C'est moi qui vous le dis, qui suis votre grand'mère ;
Et j'ai prédit cent fois à mon fils, votre père,
Que vous preniez tout l'air d'un méchant garnement,
Et ne lui donneriez jamais que du tourment.

MARIANNE.

Je crois...

MADAME PERNELLE.

Mon Dieu, sa sœur, vous faites la discrette,
Et vous n'y touchez pas, tant vous semblez doucette.

Mais il n'est, comme on dit, pire eau que l'eau qui dort,
Et vous menez, sous chape, un train que je hais fort.

ELMIRE.

Mais, ma mère...

MADAME PERNELLE.

Ma bru, qu'il ne vous en déplaise,
Votre conduite, en tout, est tout à fait mauvaise :
Vous devriez leur mettre un bon exemple aux yeux,
Et leur défunte mère en usoit beaucoup mieux.
Vous êtes dépensière, et cet état me blesse
Que vous alliez vêtue ainsi qu'une princesse.
Quiconque à son mari veut plaire seulement,
Ma bru, n'a pas besoin de tant d'ajustement.

CLÉANTE.

Mais, Madame, après tout...

MADAME PERNELLE.

Pour vous, Monsieur son frère,
Je vous estime fort, vous aime, et vous révère ;
Mais enfin, si j'étois de mon fils, son époux,
Je vous prierois bien fort de n'entrer point chez nous.
Sans cesse vous prêchez des maximes de vivre
Qui par d'honnêtes gens ne se doivent point suivre.
Je vous parle un peu franc ; mais c'est là mon humeur,
Et je ne mâche point ce que j'ai sur le cœur.

DAMIS.

Votre monsieur Tartuffe est bien heureux sans doute...

MADAME PERNELLE.

C'est un homme de bien, qu'il faut que l'on écoute,
Et je ne puis souffrir, sans me mettre en courroux,

De le voir quereller par un fou comme vous.

DAMIS.

Quoi ! je souffrirai, moi, qu'un cagot de critique
Vienne usurper céans un pouvoir tyrannique,
Et que nous ne puissions à rien nous divertir
Si ce beau monsieur-là n'y daigne consentir ?

DORINE.

S'il le faut écouter et croire à ses maximes,
On ne peut faire rien qu'on ne fasse des crimes :
Car il contrôle tout, ce critique zélé.

MADAME PERNELLE.

Et tout ce qu'il contrôle est fort bien contrôlé.
C'est au chemin du Ciel qu'il prétend vous conduire,
Et mon fils à l'aimer vous devroit tous induire.

DAMIS.

Non, voyez-vous, ma mère, il n'est père ni rien
Qui me puisse obliger à lui vouloir du bien.
Je trahirois mon cœur de parler d'autre sorte ;
Sur ses façons de faire, à tous coups, je m'emporte ;
J'en prévois une suite, et qu'avec ce pied-plat
Il faudra que j'en vienne à quelque grand éclat.

DORINE.

Certes, c'est une chose aussi qui scandalise
De voir qu'un inconnu céans s'impatronise ;
Qu'un gueux qui, quand il vint, n'avoit pas de souliers,
Et dont l'habit entier valoit bien six deniers,
En vienne jusque-là que de se méconnaître,
De contrarier tout, et de faire le maître.

MADAME PERNELLE.

Hé ! merci de ma vie ! il en iroit bien mieux
Si tout se gouvernoit par ses ordres pieux.

DORINE.

Il passe pour un saint dans votre fantaisie :
Tout son fait, croyez-moi, n'est rien qu'hypocrisie.

MADAME PERNELLE.

Voyez la langue !

DORINE.

A lui, non plus qu'à son Laurent,
Je ne me fierois, moi, que sur un bon garant.

MADAME PERNELLE.

J'ignore ce qu'au fond le serviteur peut être,
Mais pour homme de bien je garantis le maître.
Vous ne lui voulez mal, et ne le rebutez
Qu'à cause qu'il vous dit à tous vos vérités.
C'est contre le péché que son cœur se courrouce,
Et l'intérêt du Ciel est tout ce qui le pousse.

DORINE.

Oui ; mais pourquoi, surtout depuis un certain temps,
Ne sauroit-il souffrir qu'aucun hante céans ?
En quoi blesse le Ciel une visite honnête,
Pour en faire un vacarme à nous rompre la tête ?
Veut-on que là-dessus je m'explique, entre nous ?
Je crois que de Madame il est, ma foi, jaloux.

MADAME PERNELLE.

Taisez-vous, et songez aux choses que vous dites.
Ce n'est pas lui tout seul qui blâme ces visites :

Tout ce tracas, qui suit les gens que vous hantez,
Ces carrosses, sans cesse à la porte plantés,
Et de tant de laquais le bruyant assemblage,
Font un éclat fâcheux dans tout le voisinage.
Je veux croire qu'au fond il ne se passe rien ;
Mais enfin on en parle, et cela n'est pas bien.

CLÉANTE.

Hé ! voulez-vous, Madame, empêcher qu'on ne cause?
Ce seroit dans la vie une fâcheuse chose
Si, pour les sots discours où l'on peut être mis,
Il falloit renoncer à ses meilleurs amis ;
Et, quand même on pourroit se résoudre à le faire,
Croiriez-vous obliger tout le monde à se taire?
Contre la médisance il n'est point de rempart.
A tous les sots caquets n'ayons donc nul égard,
Efforçons-nous de vivre avec toute innocence,
Et laissons aux causeurs une pleine licence.

DORINE.

Daphné, notre voisine, et son petit époux,
Ne seroient-ils point ceux qui parlent mal de nous ?
Ceux de qui la conduite offre le plus à rire
Sont toujours sur autrui les premiers à médire ;
Ils ne manquent jamais de saisir promptement
L'apparente lueur du moindre attachement,
D'en semer la nouvelle avec beaucoup de joie
Et d'y donner le tour qu'ils veulent qu'on y croie.
Des actions d'autrui, teintes de leurs couleurs,
Ils pensent dans le monde autoriser les leurs,
Et, sous le faux espoir de quelque ressemblance,

Aux intrigues qu'ils ont donner de l'innocence,
Ou faire ailleurs tomber quelques traits partagés
De ce blâme public dont ils sont trop chargés.

MADAME PERNELLE.

Tous ces raisonnements ne font rien à l'affaire :
On sait qu'Orante mène une vie exemplaire ;
Tous ses soins vont au Ciel, et j'ai su, par des gens,
Qu'elle condamne fort le train qui vient céans.

DORINE.

L'exemple est admirable, et cette dame est bonne !
Il est vrai qu'elle vit en austère personne ;
Mais l'âge dans son âme a mis ce zèle ardent,
Et l'on sait qu'elle est prude à son corps défendant.
Tant qu'elle a pu des cœurs attirer les hommages,
Elle a fort bien joui de tous ses avantages ;
Mais, voyant de ses yeux tous les brillants baisser,
Au monde, qui la quitte, elle veut renoncer,
Et du voile pompeux d'une haute sagesse
De ses attraits usés déguiser la faiblesse.
Ce sont là les retours des coquettes du temps ;
Il leur est dur de voir déserter les galants.
Dans un tel abandon, leur sombre inquiétude
Ne voit d'autre recours que le métier de prude,
Et la sévérité de ces femmes de bien
Censure toute chose, et ne pardonne à rien :
Hautement d'un chacun elles blâment la vie,
Non point par charité, mais par un trait d'envie
Qui ne sauroit souffrir qu'une autre ait les plaisirs
Dont le penchant de l'âge a sevré leurs désirs.

MADAME PERNELLE, [*à Elmire*].

Voilà les contes bleus qu'il vous faut pour vous plaire,
Ma bru. L'on est chez vous contrainte de se taire,
Car Madame à jaser tient le dé tout le jour ;
Mais enfin je prétends discourir à mon tour.
Je vous dis que mon fils n'a rien fait de plus sage
Qu'en recueillant chez soi ce dévot personnage ;
Que le Ciel, au besoin, l'a céans envoyé
Pour redresser à tous votre esprit fourvoyé ;
Que pour votre salut vous le devez entendre,
Et qu'il ne reprend rien qui ne soit à reprendre.
Ces visites, ces bals, ces conversations,
Sont du malin esprit toutes inventions.
Là, jamais on n'entend de pieuses paroles ;
Ce sont propos oisifs, chansons et fariboles :
Bien souvent le prochain en a sa bonne part,
Et l'on y sait médire et du tiers et du quart.
Enfin les gens sensés ont leurs têtes troublées
De la confusion de telles assemblées ;
Mille caquets divers s'y font en moins de rien,
Et, comme l'autre jour un docteur dit fort bien,
C'est véritablement la tour de Babylone,
Car chacun y babille, et tout du long de l'aune ;
Et, pour conter l'histoire où ce point l'engagea...

(*Montrant Cléante.*)

Voilà-t-il pas Monsieur qui ricane déjà !
Allez chercher vos fous qui vous donnent à rire,
Et sans... Adieu, ma bru, je ne veux plus rien dire.
Sachez que, pour céans, j'en rabats de moitié,

Et qu'il fera beau temps quand j'y mettrai le pied.
(*Donnant un soufflet à Flipote.*)
Allons, vous ! vous rêvez et bayez aux corneilles.
Jour de Dieu ! je sauroi vous frotter les oreilles.
Marchons, gaupe, marchons !

SCÈNE II

CLÉANTE, DORINE.

CLÉANTE.

Je n'y veux point aller,
De peur qu'elle ne vînt encor me quereller.
Que cette bonne femme...

DORINE.

Ah ! certes, c'est dommage
Qu'elle ne vous ouît tenir un tel langage ;
Elle vous diroit bien qu'elle vous trouve bon,
Et qu'elle n'est point d'âge à lui donner ce nom.

CLÉANTE.

Comme elle s'est pour rien contre nous échauffée,
Et que de son Tartuffe elle paroit coiffée !

DORINE.

Oh ! vraiment tout cela n'est rien au prix du fils ;
Et, si vous l'aviez vu, vous diriez : « C'est bien pis ! »
Nos troubles l'avoient mis sur le pied d'homme sage,
Et pour servir son prince il montra du courage ;

Mais il est devenu comme un homme hébété
Depuis que de Tartuffe on le voit entêté.
Il l'appelle son frère, et l'aime, dans son âme,
Cent fois plus qu'il ne fait mère, fils, fille et femme.
C'est de tous ses secrets l'unique confident,
Et de ses actions le directeur prudent.
Il le choie, il l'embrasse, et pour une maîtresse
On ne sauroit, je pense, avoir plus de tendresse.
A table, au plus haut bout il veut qu'il soit assis ;
Avec joie il l'y voit manger autant que six ;
Les bons morceaux de tout, il faut qu'on les lui cède ;
Et, s'il vient à roter, il lui dit : « Dieu vous aide ! »

C'est une servante qui parle.

Enfin il en est fou ; c'est son tout, son héros ;
Il l'admire à tous coups, le cite à tout propos ;
Ses moindres actions lui semblent des miracles,
Et tous les mots qu'il dit sont pour lui des oracles.
Lui, qui connoit sa dupe, et qui veut en jouir,
Par cent dehors fardés à l'art de l'éblouir ;
Son cagotisme en tire à toute heure des sommes,
Et prend droit de gloser sur tous, tant que nous sommes.
Il n'est pas jusqu'au fat qui lui sert de garçon
Qui ne se mêle aussi de nous faire leçon ;
Il vient nous sermonner avec des yeux farouches,
Et jeter nos rubans, notre rouge et nos mouches.
Le traître, l'autre jour, nous rompit de ses mains
Un mouchoir qu'il trouva dans une *Fleur des Saints*,
Disant que nous mêlions, par un crime effroyable,
Avec la sainteté les parures du diable.

SCÈNE III

ELMIRE, MARIANNE, DAMIS, CLÉANTE, DORINE.

ELMIRE.

Vous êtes bien heureux de n'être point venu
Au discours qu'à la porte elle nous a tenu.
Mais j'ai vu mon mari ; comme il ne m'a point vue,
Je veux aller là-haut attendre sa venue.

CLÉANTE.

Moi, je l'attends ici pour moins d'amusement,
Et je vais lui donner le bonjour seulement.

DAMIS.

De l'hymen de ma sœur touchez-lui quelque chose.
J'ai soupçon que Tartuffe à son effet s'oppose,
Qu'il oblige mon père à des détours si grands,
Et vous n'ignorez pas quel intérêt j'y prends.
Si même ardeur enflamme et ma sœur et Valère,
La sœur de cet ami, vous le savez, m'est chère ;
Et, s'il falloit...

DORINE.

Il entre.

SCÈNE IV

ORGON, CLÉANTE, DORINE.

ORGON.

Ah ! mon frère, bonjour.

CLÉANTE.

Je sortois, et j'ai joie à vous voir de retour :
La campagne, à présent, n'est pas beaucoup fleurie.

ORGON.

[*A Cléante.*]
Dorine... Mon beau-frère, attendez, je vous prie.
Vous voulez bien souffrir, pour m'ôter de souci,
Que je m'informe un peu des nouvelles d'ici ?
[*A Dorine.*]
Tout s'est-il, ces deux jours, passé de bonne sorte ?
Qu'est-ce qu'on fait ceans? comme est-ce qu'on s'y porte?

DORINE.

Madame eut, avant-hier, la fièvre jusqu'au soir,
Avec un mal de tête étrange à concevoir.

ORGON.

Et Tartuffe ?

DORINE.

Tartuffe ? Il se porte à merveille,
Gros et gras, le teint frais, et la bouche vermeille.

ORGON.

Le pauvre homme !

DORINE.

Le soir, elle eut un grand dégoût,
Et ne put, au soupé, toucher à rien du tout,
Tant sa douleur de tête étoit encor cruelle.

ORGON.

Et Tartuffe ?

DORINE.

Il soupa, lui, tout seul, devant elle,
Et fort dévotement il mangea deux perdrix,
Avec une moitié de gigot en hâchis.

ORGON.

Le pauvre homme !

DORINE.

La nuit se passa tout entière
Sans qu'elle pût fermer un moment la paupière ;
Des chaleurs l'empêchaient de pouvoir sommeiller,
Et jusqu'au jour près d'elle il nous fallut veiller.

ORGON.

Et Tartuffe ?

DORINE.

Pressé d'un sommeil agréable,
Il passa dans sa chambre au sortir de la table,
Et dans son lit bien chaud il se mit tout soudain,
Où sans trouble il dormit jusques au lendemain.

ORGON.

Le pauvre homme !

DORINE.

A la fin, par nos raisons gagnée,
Elle se résolut à souffrir la saignée,

Et le soulagement suivit tout aussitôt.

ORGON.

Et Tartuffe?

DORINE

Il reprit courage comme il faut,
Et, contre tous les maux fortifiant son âme,
Pour réparer le sang qu'avoit perdu Madame,
But, à son déjeuné, quatre grands coups de vin.

ORGON.

Le pauvre homme!

DORINE.

Tous deux se portent bien enfin;
Et je vais à Madame annoncer par avance
La part que vous prenez à sa convalescence.

SCÈNE V

ORGON, CLÉANTE.

CLÉANTE.

A votre nez, mon frère, elle se rit de vous;
Et, sans avoir dessein de vous mettre en courroux,
Je vous dirai, tout franc, que c'est avec justice.
A-t-on jamais parlé d'un semblable caprice?
Et se peut-il qu'un homme ait un charme aujourd'hui
A vous faire oublier toutes choses pour lui?
Qu'après avoir chez vous réparé sa misère,
Vous en veniez au point...

ORGON.

Alte-là, mon beau-frère,
Vous ne connoissez pas celui dont vous parlez.

CLÉANTE.

Je ne le connois pas, puisque vous le voulez ;
Mais enfin, pour savoir quel homme ce peut être...

ORGON.

Mon frère, vous seriez charmé de le connoitre,
Et vos ravissements ne prendroient point de fin.
C'est un homme... qui... ha !... un homme... un homme enfin.
Qui suit bien ses leçons, goûte une paix profonde,
Et comme du fumier regarde tout le monde.
Oui, je deviens tout autre avec son entretien :
Il m'enseigne à n'avoir affection pour rien ;
De toutes amitiés il détache mon âme,
Et je verrois mourir frère, enfants, mère et femme,
Que je m'en soucîrois autant que de cela.

CLÉANTE.

Les sentiments humains, mon frère, que voilà !

ORGON.

Ha ! si vous aviez vu comme j'en fis rencontre,
Vous auriez pris pour lui l'amitié que je montre.
Chaque jour à l'église il venoit, d'un air doux,
Tout vis-à-vis de moi se mettre à deux genoux.
Il attiroit les yeux de l'assemblée entière
Par l'ardeur dont au Ciel il poussoit sa prière ;
Il faisoit des soupirs, de grands élancements,
Et baisoit humblement la terre à tous moments ;
Et, lors que je sortois, il me devançoit vite

Pour m'aller, à la porte, offrir de l'eau bénite.
Instruit par son garçon, qui dans tout l'imitoit,
Et de son indigence, et de ce qu'il etoit,
Je lui faisois des dons ; mais, avec modestie,
Il me vouloit toujours en rendre une partie :
« C'est trop, me disoit-il, c'est trop de la moitié ;
Je ne mérite pas de vous faire pitié. »
Et, quand je refusois de le vouloir reprendre,
Aux pauvres, à mes yeux, il alloit le répandre.
Enfin, le Ciel chez moi me le fit retirer,
Et, depuis ce temps-là, tout semble y prospérer.
Je vois qu'il reprend tout, et qu'à ma femme même
Il prend, pour mon honneur, un intérêt extrême ;
Il m'avertit des gens qui lui font les yeux doux,
Et plus que moi six fois il s'en montre jaloux.
Mais vous ne croiriez point jusqu'où monte son zèle :
Il s'impute à péché la moindre bagatelle ;
Un rien presque suffit pour le scandaliser,
Jusque-là qu'il se vint, l'autre jour, accuser
D'avoir pris une puce en faisant sa prière,
Et de l'avoir tuée avec trop de colère.

CLÉANTE.

Parbleu ! vous êtes fou, mon frère, que je croi.
Avec de tels discours vous moquez-vous de moi ?
Et que prétendez-vous que tout ce badinage...

ORGON.

Mon frère, ce discours sent le libertinage.
Vous en êtes un peu dans votre âme entiché,
Et, comme je vous l'ai plus de dix fois prêché,

Vous vous attirerez quelque méchante affaire.

CLÉANTE.

Voilà de vos pareils le discours ordinaire.
Ils veulent que chacun soit aveugle comme eux ;
C'est être libertin que d'avoir de bons yeux,
Et qui n'adore pas de vaines simagrées
N'a ni respect ni foi pour les choses sacrées.
Allez, tous vos discours ne me font point de peur ;
Je sais comme je parle, et le Ciel voit mon cœur.
De tous vos façonniers on n'est point les esclaves.
Il est de faux dévots ainsi que de faux braves ;
Et, comme on ne voit pas qu'où l'honneur les conduit
Les vrais braves soient ceux qui font beaucoup de bruit,
Les bons et vrais dévots, qu'on doit suivre à la trace,
Ne sont pas ceux aussi qui font tant de grimace.
Hé quoi ! vous ne ferez nulle distinction
Entre l'hypocrisie et la dévotion ?
Vous les voulez traiter d'un semblable langage,
Et rendre même honneur au masque qu'au visage ;
Égaler l'artifice à la sincérité,
Confondre l'apparence avec la vérité,
Estimer le fantôme autant que la personne,
Et la fausse monnaie à l'égal de la bonne ?
Les hommes, la plupart, sont étrangement faits !
Dans la juste nature on ne les voit jamais ;
La raison a pour eux des bornes trop petites ;
En chaque caractère ils passent ses limites,
Et la plus noble chose, ils la gâtent souvent
Pour la vouloir outrer et pousser trop avant.

Que cela vous soit dit en passant, mon beau-frère.

ORGON.

Oui, vous êtes, sans doute, un docteur qu'on révère ;
Tout le savoir du monde est chez vous retiré ;
Vous êtes le seul sage et le seul éclairé,
Un oracle, un Caton, dans le siècle où nous sommes,
Et, près de vous, ce sont des sots que tous les hommes.

CLÉANTE.

Je ne suis point, mon frère, un docteur révéré,
Et le savoir chez moi n'est pas tout retiré ;
Mais, en un mot, je sais, pour toute ma science,
Du faux avec le vrai faire la différence ;
Et, comme je ne vois nul genre de héros
Qui soient plus à priser que les parfaits dévots,
Aucune chose au monde et plus noble et plus belle
Que la sainte ferveur d'un véritable zèle,
Aussi ne vois-je rien qui soit plus odieux
Que le dehors plâtré d'un zèle spécieux,
Que ces francs charlatans, que ces dévots de place,
De qui la sacrilège et trompeuse grimace
Abuse impunément, et se joue, à leur gré,
De ce qu'ont les mortels de plus saint, et sacré ;
Ces gens qui, par une âme à l'intérêt soumise,
Font de dévotion métier et marchandise,
Et veulent acheter crédit et dignités
A prix de faux clins d'yeux et d'élans affectés ;
Ces gens, dis-je, qu'on voit, d'une ardeur non commune,
Par le chemin du Ciel courir à leur fortune ;
Qui, brûlants et priants, demandent chaque jour,

Et prêchent la retraite au milieu de la cour ;
Qui savent ajuster leur zèle avec leurs vices,
Sont prompts, vindicatifs, sans foi, pleins d'artifices,
Et, pour perdre quelqu'un, couvrent insolemment
De l'intérêt du Ciel leur fier ressentiment ;
D'autant plus dangereux, dans leur âpre colère,
Qu'ils prennent contre nous des armes qu'on révère,
Et que leur passion, dont on leur sait bon gré,
Veut nous assassiner avec un fer sacré.
De ce faux caractère on en voit trop paroître ;
Mais les dévots de cœur sont aisés à connoître.
Notre siècle, mon frère, en expose à nos yeux
Qui peuvent nous servir d'exemples glorieux.
Regardez Ariston ; regardez Périandre,
Oronte, Alcidamas, Polydore, Clitandre :
Ce titre par aucun ne leur est débattu ;
Ce ne sont point du tout fanfarons de vertu ;
On ne voit point en eux ce faste insupportable,
Et leur dévotion est humaine et traitable.
Ils ne censurent point toutes nos actions :
Ils trouvent trop d'orgueil dans ces corrections,
Et, laissant la fierté des paroles aux autres,
C'est par leurs actions qu'ils reprennent les nôtres.
L'apparence du mal a chez eux peu d'appui,
Et leur âme est portée à juger bien d'autrui.
Point de cabale en eux, point d'intrigues à suivre ;
On les voit, pour tous soins, se mêler de bien vivre.
Jamais contre un pécheur ils n'ont d'acharnement :
Ils attachent leur haine au péché seulement,

Et ne veulent point prendre, avec un zèle extrême,
Les intérêts du Ciel plus qu'il ne veut lui-même.
Voilà mes gens, voilà comme il en faut user,
Voilà l'exemple enfin qu'il se faut proposer.
Votre homme, à dire vrai, n'est pas de ce modèle.
C'est de fort bonne foi que vous vantez son zèle,
Mais par un faux éclat je vous crois ébloui.

ORGON.

Monsieur mon cher beau-frère, avez-vous tout dit ?

CLÉANTE.

Oui.

ORGON.

Je suis votre valet.

(*Il veut s'en aller.*)

CLÉANTE.

De grâce, un mot, mon frère ;
Laissons là ce discours. Vous savez que Valère,
Pour être votre gendre, a parole de vous.

ORGON.

Oui.

CLÉANTE.

Vous aviez pris jour pour un lien si doux.

ORGON.

Il est vrai.

CLÉANTE.

Pourquoi donc en différer la fête ?

ORGON.

Je ne sais.

CLÉANTE.

Auriez-vous autre pensée en tête ?

ORGON.

Peut-être.

CLÉANTE.

Vous voulez manquer à votre foi ?

ORGON.

Je ne dis pas cela.

CLÉANTE.

Nul obstacle, je croi,
Ne vous peut empêcher d'accomplir vos promesses.

ORGON.

Selon.

CLÉANTE.

Pour dire un mot, faut-il tant de finesses ?
Valère, sur ce point, me fait vous visiter.

ORGON.

Le Ciel en soit loué !

CLÉANTE.

Mais que lui reporter ?

ORGON.

Tout ce qu'il vous plaira.

CLÉANTE.

Mais il est nécessaire
De savoir vos desseins. Quels sont-ils donc ?

ORGON.

De faire
Ce que le Ciel voudra.

CLÉANTE.

Mais parlons tout de bon.
Valère a votre foi : la tiendrez-vous, ou non ?

ORGON.

Adieu.

CLÉANTE, [*seul.*]

Pour son amour je crains une disgrâce,
Et je dois l'avertir de tout ce qui se passe.

ACTE II

SCÈNE PREMIÈRE

ORGON, MARIANNE.

ORGON.

MARIANNE?

MARIANNE.

Mon père...

ORGON.

Approchez. J'ai de quoi
Vous parler en secret.

MARIANNE.

Que cherchez-vous?

ORGON. (*Il regarde dans un petit cabinet.*)

Je voi
Si quelqu'un n'est point là qui pourroit nous entendre,
Car ce petit endroit est propre pour surprendre.

Or sus, nous voilà bien. J'ai, Marianne, en vous
Reconnu de tout temps un esprit assez doux,
Et de tout temps aussi vous m'avez été chère.

MARIANNE.

Je suis fort redevable à cet amour de père.

ORGON.

C'est fort bien dit, ma fille ; et, pour le mériter,
Vous devez n'avoir soin que de me contenter.

MARIANNE.

C'est où je mets aussi ma gloire la plus haute.

ORGON.

Fort bien. Que dites-vous de Tartuffe, notre hôte ?

MARIANNE.

Qui, moi ?

ORGON.

Vous. Voyez bien comme vous répondrez.

MARIANNE.

Hélas ! j'en dirai, moi, tout ce que vous voudrez.

ORGON.

C'est parler sagement. Dites-moi donc, ma fille,
Qu'en toute sa personne un haut mérite brille,
Qu'il touche votre cœur, et qu'il vous seroit doux
De le voir, par mon choix, devenir votre époux.
Eh ?

(*Marianne se recule avec surprise.*)

MARIANNE.

Eh ?

ORGON.

Qu'est-ce ?

MARIANNE.

Plaît-il ?

ORGON.

Quoi ?

MARIANNE.

Me suis-je méprise ?

ORGON.

Comment ?

MARIANNE.

Qui voulez-vous, mon père, que je dise
Qui me touche le cœur, et qu'il me seroit doux
De voir, par votre choix, devenir mon époux ?

ORGON.

Tartuffe.

MARIANNE.

Il n'en est rien, mon père, je vous jure.
Pourquoi me faire dire une telle imposture ?

ORGON.

Mais je veux que cela soit une vérité ;
Et c'est assez pour vous que je l'aie arrêté.

MARIANNE.

Quoi ! vous voulez, mon père...

ORGON.

Oui, je prétends, ma fille,
Unir, par votre hymen, Tartuffe à ma famille.
Il sera votre époux, j'ai résolu cela ;
Et comme sur vos vœux je...

SCÈNE II

DORINE, ORGON, MARIANNE.

ORGON, [*apercevant Dorine*].

Que faites-vous là ?
La curiosité qui vous presse est bien forte,
Ma mie, à nous venir écouter de la sorte.

DORINE.

Vraiment, je ne sais pas si c'est un bruit qui part
De quelque conjecture, ou d'un coup de hasard ;
Mais de ce mariage on m'a dit la nouvelle,
Et j'ai traité cela de pure bagatelle.

ORGON.

Quoi donc ! la chose est-elle incroyable ?

DORINE.

A tel point
Que vous-même, Monsieur, je ne vous en crois point.

ORGON.

Je sais bien le moyen de vous le faire croire.

DORINE.

Ouy, ouy, vous nous contez une plaisante histoire.

ORGON.

Je conte justement ce qu'on verra dans peu.

DORINE.

Chansons !

ORGON.

Ce que je dis, ma fille, n'est point jeu.

DORINE.

Allez, ne croyez point à monsieur votre père :
Il raille.

ORGON.

Je vous dis...

DORINE.

Non, vous avez beau faire,
On ne vous croira point.

ORGON.

A la fin, mon courroux...

DORINE.

Hé bien ! on vous croit donc, et c'est tant pis pour vous.
Quoi ! se peut-il, Monsieur, qu'avec l'air d'homme sage,
Et cette large barbe au milieu du visage,
Vous soyez assez fou pour vouloir...

ORGON.

Écoutez :
Vous avez pris céans certaines privautés
Qui ne me plaisent point, je vous le dis, ma mie.

DORINE.

Parlons sans nous fâcher, Monsieur, je vous supplie.
Vous moquez-vous des gens, d'avoir fait ce complot ?
Votre fille n'est point l'affaire d'un bigot ;
Il a d'autres emplois, auxquels il faut qu'il pense.
Et puis, que vous apporte une telle alliance ?
A quel sujet aller, avec tout votre bien,
Choisir un gendre gueux... ?

ORGON.

Taisez-vous. S'il n'a rien,
Sachez que c'est par là qu'il faut qu'on le révère.
Sa misère est sans doute une honnête misère ;
Au-dessus des grandeurs elle doit l'élever,
Puisqu'enfin de son bien il s'est laissé priver
Par son trop peu de soin des choses temporelles,
Et sa puissante attache aux choses éternelles.
Mais mon secours pourra lui donner les moyens
De sortir d'embarras, et rentrer dans ses biens ;
Ce sont fiefs qu'à bon titre au pays on renomme,
Et, tel que l'on le voit, il est bien gentilhomme.

DORINE.

Oüy, c'est lui qui le dit, et cette vanité,
Monsieur, ne sied pas bien avec la piété.
Qui d'une sainte vie embrasse l'innocence
Ne doit point tant prôner son nom et sa naissance,
Et l'humble procédé de la dévotion
Souffre mal les éclats de cette ambition.
A quoi bon cet orgueil ?... Mais ce discours vous blesse:
Parlons de sa personne, et laissons sa noblesse.
Ferez-vous possesseur, sans quelque peu d'ennui,
D'une fille comme elle un homme comme lui ?
Et ne devez-vous pas songer aux bienséances,
Et de cette union prévoir les conséquences ?
Sachez que d'une fille on risque la vertu,
Lors que dans son hymen son goût est combattu ;
Que le dessein d'y vivre en honnête personne
Dépend des qualités du mari qu'on lui donne,

Et que ceux dont partout on montre au doigt le front
Font leurs femmes, souvent, ce qu'on voit qu'elles sont.
Il est bien difficile enfin d'être fidèle
A de certains maris faits d'un certain modèle ;
Et qui donne à sa fille un homme qu'elle hait
Est responsable au Ciel des fautes qu'elle fait.
Songez à quels périls votre dessein vous livre.

ORGON.

Je vous dis qu'il me faut apprendre d'elle à vivre !

DORINE.

Vous n'en feriez que mieux de suivre mes leçons.

ORGON.

Ne nous amusons point, ma fille, à ces chansons.
Je sais ce qu'il vous faut, et je suis votre père ;
J'avois donné pour vous ma parole à Valère ;
Mais, outre qu'à jouer on dit qu'il est enclin,
Je le soupçonne encor d'être un peu libertin :
Je ne remarque point qu'il hante les églises.

DORINE.

Voulez-vous qu'il y courre à vos heures précises,
Comme ceux qui n'y vont que pour être aperçus ?

ORGON.

Je ne demande pas votre avis là-dessus.
Enfin, avec le Ciel l'autre est le mieux du monde,
Et c'est une richesse à nulle autre seconde.
Cet hymen de tous biens comblera vos désirs,
Il sera tout confit en douceurs et plaisirs.
Ensemble vous vivrez, dans vos ardeurs fidèles,
Comme deux vrais enfants, comme deux tourterelles ;

A nul fâcheux débat jamais vous n'en viendrez,
Et vous ferez de lui tout ce que vous voudrez.

DORINE.

Elle ? elle n'en fera qu'un sot, je vous assure.

ORGON.

Ouais ! quels discours !

DORINE.

Je dis qu'il en a l'encolure,
Et que son ascendant, Monsieur, l'emportera
Sur toute la vertu que votre fille aura.

ORGON.

Cessez de m'interrompre, et songez à vous taire,
Sans mettre votre nez où vous n'avez que faire.

DORINE.

Je n'en parle, Monsieur, que pour votre intérêt.

(Elle l'interrompt toujours au moment qu'il se retourne pour parler à sa fille.)

ORGON.

C'est prendre trop de soin ; taisez-vous, s'il vous plaît.

DORINE.

Si l'on ne vous aimoit...

ORGON.

Je ne veux pas qu'on m'aime.

DORINE.

Et je veux vous aimer, Monsieur, malgré vous-même.

ORGON.

Ah !

DORINE.

Votre honneur m'est cher, et je ne puis souffrir

Qu'aux brocards d'un chacun vous alliez vous offrir.

ORGON.

Vous ne vous tairez point ?

DORINE.

C'est une conscience

Que de vous laisser faire une telle alliance.

ORGON.

Te tairas-tu, serpent dont les traits effrontés...

DORINE.

Ah ! vous êtes dévot, et vous vous emportez !

ORGON, [*à sa fille*].

Oui, ma bile s'échauffe à toutes ces fadaises,
Et, tout résolument, je veux que tu te taises.

DORINE.

Soit. Mais, ne disant mot, je n'en pense pas moins.

ORGON.

Pense, si tu le veux ; mais applique tes soins
A ne m'en point parler, ou... suffit.

(*Se retournant vers sa fille.*)

Comme sage,

J'ai pesé mûrement toutes choses.

DORINE, [*à part*].

J'enrage

De ne pouvoir parler.

(*Elle se tait lors qu'il tourne la tête.*)

ORGON.

Sans être damoiseau,

Tartuffe est fait de sorte...

DORINE, [*à part.*]

Oui, c'est un beau museau !

ORGON.

Que, quand tu n'aurois même aucune sympathie
Pour tous les autres dons...

DORINE.

La voilà bien lotie !

(*Orgon se tourne devant elle, et la regarde, les bras croisés.*)

Si j'étois en sa place, un homme, assurément,
Ne m'épouseroit pas de force impunément,
Et je lui ſerois voir bientôt, après la ſête,
Qu'une femme a toujours une vengeance prête.

ORGON, [*à Dorine.*]

Donc, de ce que je dis on ne ſera nul cas?

DORINE.

De quoi vous plaignez-vous ? Je ne vous parle pas.

ORGON.

Qu'est-ce que tu fais donc ?

DORINE.

Je me parle à moi-même.

ORGON.

Fort bien. [*A part.*] Pour châtier son insolence extrême,
Il faut que je lui donne un revers de ma main.

(*Il se met en posture de lui donner un soufflet, et Dorine, à chaque coup d'œil qu'il jette, se tient droite sans parler.*)

Ma fille, vous devez approuver mon dessein...
Croire que le mari... que j'ai su vous élire...

(*A Dorine.*)
Que ne te parles-tu ?

DORINE.

Je n'ai rien à me dire.

ORGON.

Encore un petit mot.

DORINE.

Il ne me plaît pas, moi.

ORGON.

Certes, je t'y guettois.

DORINE.

Quelque sotte, ma foi !

ORGON.

Enfin, ma fille, il faut payer d'obéissance,
Et montrer pour mon choix entière déférence.

DORINE, *en s'enfuyant.*

Je me moquerois fort de prendre un tel époux.

(*Il lui veut donner un soufflet, et la manque.*)

ORGON.

Vous avez là, ma fille, une peste avec vous,
Avec qui, sans péché, je ne saurois plus vivre.
Je me sens hors d'état maintenant de poursuivre ;
Ses discours insolents m'ont mis l'esprit en feu,
Et je vais prendre l'air pour me rasseoir un peu.

SCÈNE III

DORINE, MARIANNE.

DORINE.

Avez-vous donc perdu, dites-moi, la parole,
Et faut-il qu'en ceci je fasse votre rôle?
Souffrir qu'on vous propose un projet insensé,
Sans que du moindre mot vous l'ayez repoussé !

MARIANNE.

Contre un père absolu que veux-tu que je fasse ?

DORINE.

Ce qu'il faut pour parer une telle menace.

MARIANNE.

Quoi ?

DORINE.

Lui dire qu'un cœur n'aime point par autrui ;
Que vous vous mariez pour vous, non pas pour lui ;
Qu'étant celle pour qui se fait toute l'affaire,
C'est à vous, non à lui, que le mari doit plaire,
Et que, si son Tartuffe est pour lui si charmant,
Il le peut épouser, sans nul empêchement.

MARIANNE.

Un père, je l'avoue, a sur nous tant d'empire
Que je n'ai jamais eu la force de rien dire.

DORINE.

Mais raisonnons. Valère a fait pour vous des pas :

L'aimez-vous, je vous prie, ou ne l'aimez-vous pas?

MARIANNE.

Ah! qu'envers mon amour ton injustice est grande,
Dorine! Me dois-tu faire cette demande?
T'ai-je pas là-dessus ouvert cent fois mon cœur,
Et sais-tu pas pour lui jusqu'où va mon ardeur?

DORINE.

Que sais-je si le cœur a parlé par la bouche,
Et si c'est tout de bon que cet amant vous touche?

MARIANNE.

Tu me fais un grand tort, Dorine, d'en douter,
Et mes vrais sentiments ont su trop éclater.

DORINE.

Enfin, vous l'aimez donc?

MARIANNE.

Oui, d'une ardeur extrême.

DORINE.

Et, selon l'apparence, il vous aime de même?

MARIANNE.

Je le crois.

DORINE.

Et tous deux brûlez également
De vous voir mariés ensemble?

MARIANNE.

Assurément.

DORINE.

Sur cette autre union quelle est donc votre attente?

MARIANNE.

De me donner la mort, si l'on me violente.

DORINE.

Fort bien. C'est un recours où je ne songeois pas :
Vous n'avez qu'à mourir pour sortir d'embarras.
Le remède, sans doute, est merveilleux. J'enrage
Lors que j'entends tenir ces sortes de langage.

MARIANNE.

Mon Dieu ! de quelle humeur, Dorine, tu te rends !
Tu ne compatis point aux déplaisirs des gens.

DORINE.

Je ne compatis point à qui dit des sornettes,
Et, dans l'occasion, mollit comme vous faites.

MARIANNE.

Mais que veux-tu ? Si j'ai de la timidité...

DORINE.

Mais l'amour dans un cœur veut de la fermeté.

MARIANNE.

Mais n'en gardé-je pas pour les feux de Valère ?
Et n'est-ce pas à lui de m'obtenir d'un père ?

DORINE.

Mais quoi ! si votre père est un bourru fieffé,
Qui s'est de son Tartuffe entièrement coiffé,
Et manque à l'union qu'il avoit arrêtée,
La faute à votre amant doit-elle être imputée ?

MARIANNE.

Mais, par un haut refus et d'éclatants mépris,
Ferai-je dans mon choix voir un cœur trop épris ?
Sortirai-je pour lui, quelque éclat dont il brille,
De la pudeur du sexe, et du devoir de fille ?
Et veux-tu que mes feux, par le monde étalés...

DORINE.

Non, non, je ne veux rien. Je vois que vous voulez
Être à monsieur Tartuffe, et j'aurois, quand j'y pense,
Tort de vous détourner d'une telle alliance.
Quelle raison aurois-je à combattre vos vœux ?
Le parti, de soi-même, est fort avantageux.
Monsieur Tartuffe ! Oh ! oh ! n'est-ce rien qu'on propose ?
Certes, monsieur Tartuffe, à bien prendre la chose,
N'est pas un homme, non, qui se mouche du pied,
Et ce n'est pas peu d'heur que d'être sa moitié.
Tout le monde déjà de gloire le couronne ;
Il est noble chez lui, bien fait de sa personne :
Il a l'oreille rouge, et le teint bien fleuri :
Vous vivrez trop contente avec un tel mari.

MARIANNE.

Mon Dieu...

DORINE.

Quelle allégresse aurez-vous dans votre âme,
Quand d'un époux si beau vous vous verrez la femme !

MARIANNE.

Ha ! cesse, je te prie, un semblable discours,
Et contre cet hymen ouvre-moi du secours.
C'en est fait, je me rends, et suis prête à tout faire.

DORINE.

Non, il faut qu'une fille obéisse à son père,
Voulût-il lui donner un singe pour époux.
Votre sort est fort beau ; de quoi vous plaignez-vous ?
Vous irez par le coche en sa petite ville,
Qu'en oncles et cousins vous trouverez fertile,

Et vous vous plairez fort à les entretenir.
D'abord chez le beau monde on vous fera venir ;
Vous irez visiter, pour votre bienvenue,
Madame la baillive et madame l'élue,
Qui d'un siège pliant vous feront honorer.
Là, dans le carnaval, vous pourrez espérer
Le bal, et la grand'bande, à savoir, deux musettes,
Et, parfois, Fagotin, et les marionnettes.
Si pourtant votre époux...

MARIANNE.

Ah ! tu me fais mourir !
De tes conseils, plutôt, songe à me secourir.

DORINE.

Je suis votre servante.

MARIANNE.

Eh ! Dorine, de grâce...

DORINE.

Il faut, pour vous punir, que cette affaire passe.

MARIANNE.

Ma pauvre fille !

DORINE.

Non.

MARIANNE.

Si mes vœux déclarés...

DORINE.

Point : Tartuffe est votre homme, et vous en tâterez.

MARIANNE.

Tu sais qu'à toi toujours je me suis confiée.
Fais-moi...

DORINE.

Non. Vous serez, ma foi, tartuffiée.

MARIANNE.

Hé bien! puisque mon sort ne sauroit t'émouvoir,
Laisse-moi désormais toute à mon désespoir :
C'est de lui que mon cœur empruntera de l'aide,
Et je sais de mes maux l'infaillible remède.

(*Elle veut s'en aller.*)

DORINE.

Hé ! là, là, revenez, je quitte mon courroux.
Il faut, nonobstant tout, avoir pitié de vous.

MARIANNE.

Vois-tu, si l'on m'expose à ce cruel martyre,
Je te le dis, Dorine, il faudra que j'expire.

DORINE.

Ne vous tourmentez point ; on peut adroitement
Empêcher... Mais voici Valère, votre amant.

SCÈNE IV

VALÈRE, MARIANNE, DORINE.

VALÈRE.

On vient de débiter, Madame, une nouvelle
Que je ne savois pas, et qui sans doute est belle.

MARIANNE.

Quoi ?

VALÈRE.

Que vous épousez Tartuffe.

MARIANNE.

Il est certain
Que mon père s'est mis en tête ce dessein.

VALÈRE.

Votre père, Madame...

MARIANNE.

A changé de visée.
La chose vient par lui de m'être proposée.

VALÈRE.

Quoi ! sérieusement ?

MARIANNE.

Oui, sérieusement ;
Il s'est pour cet hymen déclaré hautement.

VALÈRE.

Et quel est le dessein où votre âme s'arrête,
Madame ?

MARIANNE.

Je ne sais.

VALÈRE.

La réponse est honnête.
Vous ne savez ?

MARIANNE.

Non.

VALÈRE.

Non ?

MARIANNE.

Que me conseillez-vous ?

VALÈRE.

Je vous conseille, moi, de prendre cet époux.

MARIANNE.

Vous me le conseillez ?

VALÈRE.

Oui.

MARIANNE.

Tout de bon?

VALÈRE.

Sans doute.

Le choix est glorieux, et vaut bien qu'on l'écoute.

MARIANNE.

Hé bien, c'est un conseil, Monsieur, que je reçois.

VALÈRE.

Vous n'aurez pas grand'peine à le suivre, je crois.

MARIANNE.

Pas plus qu'à le donner en a souffert votre âme.

VALÈRE.

Moi ! je vous l'ai donné pour vous plaire, Madame.

MARIANNE.

Et moi, je le suivrai, pour vous faire plaisir.

DORINE, [*à part*].

Voyons ce qui pourra de ceci réussir.

VALÈRE.

C'est donc ainsi qu'on aime ? et c'étoit tromperie,
Quand vous...

MARIANNE.

Ne parlons point de cela, je vous prie.

Vous m'avez dit tout franc que je dois accepter

Celui que pour époux on me veut présenter ;
Et je déclare, moi, que je prétends le faire,
Puisque vous m'en donnez le conseil salutaire.

VALÈRE.

Ne vous excusez point sur mes intentions :
Vous aviez pris déjà vos résolutions,
Et vous vous saisissez d'un prétexte frivole
Pour vous autoriser à manquer de parole.

MARIANNE.

Il est vrai, c'est bien dit.

VALÈRE.

Sans doute, et votre cœur
N'a jamais eu pour moi de véritable ardeur.

MARIANNE.

Hélas, permis à vous d'avoir cette pensée.

VALÈRE.

Oui, oui, permis à moi; mais mon âme offensée
Vous préviendra peut-être en un pareil dessein ;
Et je sais où porter et mes vœux et ma main.

MARIANNE.

Ah ! je n'en doute point; et les ardeurs qu'excite
Le mérite...

VALÈRE.

Mon Dieu, laissons là le mérite :
J'en ai fort peu, sans doute, et vous en faites foi;
Mais j'espère aux bontés qu'une autre aura pour moi,
Et j'en sais de qui l'âme, à ma retraite ouverte,
Consentira sans honte à réparer ma perte.

MARIANNE.

La perte n'est pas grande, et de ce changement
Vous vous consolerez assez facilement.

VALÈRE.

J'y ferai mon possible, et vous le pouvez croire.
Un cœur qui nous oublie engage notre gloire :
Il faut à l'oublier mettre aussi tous nos soins.
Si l'on n'en vient à bout, on le doit feindre au moins;
Et cette lâcheté jamais ne se pardonne
De montrer de l'amour pour qui nous abandonne.

MARIANNE.

Ce sentiment, sans doute, est noble, et relevé.

VALÈRE.

Fort bien, et d'un chacun il doit être approuvé.
Hé quoi ! Vous voudriez qu'à jamais dans mon âme
Je gardasse pour vous les ardeurs de ma flamme,
Et vous visse à mes yeux passer en d'autres bras,
Sans mettre ailleurs un cœur dont vous ne voulez pas?

MARIANNE.

Au contraire, pour moi, c'est ce que je souhaite,
Et je voudrois déjà que la chose fût faite.

VALÈRE.

Vous le voudriez ?

MARIANNE.

Oui.

VALÈRE.

C'est assez m'insulter,
Madame, et de ce pas je vais vous contenter.

(Il fait un pas pour s'en aller, et revient toujours.)

MARIANNE.

Fort bien.

VALÈRE.

Souvenez-vous, au moins, que c'est vous-mêm
Qui contraignez mon cœur à cet effort extrême.

MARIANNE.

Oui.

VALÈRE.

Et que le dessein que mon âme conçoit
N'est rien qu'à votre exemple.

MARIANNE.

A mon exemple, soit.

VALÈRE.

Suffit : vous allez être à point-nommé servie.

MARIANNE.

Tant mieux.

VALÈRE.

Vous me voyez : c'est pour toute ma vie.

MARIANNE.

A la bonne heure.

VALÈRE. (*Il s'en va, et, lorsqu'il est sur la porte, il se retourne.*)

Euh?

MARIANNE.

Quoi?

VALÈRE.

Ne m'appelez-vous pas?

MARIANNE.

Moi! Vous rêvez.

VALÈRE.

Hé bien, je poursuis donc mes pas.
Adieu, Madame. (*Il s'en va lentement.*)

MARIANNE.

Adieu, Monsieur.

DORINE.

Pour moi, je pense
Que vous perdez l'esprit par cette extravagance,
Et je vous ai laissé tout du long quereller,
Pour voir où tout cela pourroit enfin aller.
Holà ! Seigneur Valère.

(*Elle va l'arrêter par le bras, et lui fait mine de grande résistance.*)

VALÈRE.

Hé ! que veux-tu, Dorine ?

DORINE.

Venez ici.

VALÈRE.

Non, non, le dépit me domine.
Ne me détourne point de ce qu'elle a voulu.

DORINE.

Arrêtez.

VALÈRE.

Non, vois-tu, c'est un point résolu.

DORINE.

Ah !

MARIANNE.

Il souffre à me voir, ma présence le chasse,
Et je ferai bien mieux de lui quitter la place.

DORINE. (*Elle quitte Valère et court à Marianne.*)
A l'autre ! Où courez-vous ?

MARIANNE.
Laisse.

DORINE.
Il faut revenir.

MARIANNE.
Non, non, Dorine ; en vain tu veux me retenir.

VALÈRE.
Je vois bien que ma vue est pour elle un supplice,
Et sans doute il vaut mieux que je l'en affranchisse.

DORINE. (*Elle quitte Marianne et court à Valère.*)
Encor ? Diantre soit fait de vous ! Si ; je le veux !
Cessez ce badinage, et venez ça tous deux.
(*Elle les tire l'un et l'autre.*)

VALÈRE.
Mais quel est ton dessein ?

MARIANNE.
Qu'est-ce que tu veux faire ?

DORINE.
Vous bien remettre ensemble, et vous tirer d'affaire.
[*A Valère.*]
Etes-vous fou d'avoir un pareil démêlé ?

VALÈRE.
N'as-tu pas entendu comme elle m'a parlé ?

DORINE, [*à Marianne*].
Etes-vous folle, vous, de vous être emportée ?

MARIANNE.
N'as-tu pas vu la chose, et comme il m'a traitée ?

DORINE.

[*A Valère.*]

Sottise des deux parts. Elle n'a d'autre soin
Que de se conserver à vous, j'en suis témoin.

[*A Marianne.*]

Il n'aime que vous seule, et n'a point d'autre envie
Que d'être votre époux, j'en réponds sur ma vie.

MARIANNE.

Pourquoi donc me donner un semblable conseil ?

VALÈRE.

Pourquoi m'en demander sur un sujet pareil ?

DORINE.

Vous êtes fous tous deux. Ça, la main, l'un et l'autre.

[*A Valère.*]

Allons, vous.

VALÈRE, *en donnant sa main à Dorine.*

A quoi bon ma main ?

DORINE. [*A Marianne.*]

Ah ça ! la vôtre.

MARIANNE, *donnant aussi sa main.*

De quoi sert tout cela ?

DORINE.

Mon Dieu ! vite, avancez.
Vous vous aimez tous deux plus que vous ne pensez.

VALÈRE, [*à Marianne*].

Mais ne faites donc point les choses avec peine,
Et regardez un peu les gens sans nulle haine.

(*Marianne tourne l'œil sur Valère et fait un petit sourire.*)

DORINE.

A vous dire le vrai, les amants sont bien fous !

VALÈRE.

Ho çà ! n'ai-je pas lieu de me plaindre de vous ?
Et, pour n'en point mentir, n'êtes-vous pas méchante
De vous plaire à me dire une chose affligeante ?

MARIANNE.

Mais vous, n'êtes-vous pas l'homme le plus ingrat...

DORINE.

Pour une autre saison laissons tout ce débat,
Et songeons à parer ce fâcheux mariage.

MARIANNE.

Dis-nous donc quels ressorts il faut mettre en usage.

DORINE.

Nous en ferons agir de toutes les façons.
[*A Marianne.*] [*A Valère.*]
Votre père se moque, et ce sont des chansons.
[*A Marianne.*]
Mais, pour vous, il vaut mieux qu'à son extravagance
D'un doux consentement vous prêtiez l'apparence,
Afin qu'en cas d'alarme il vous soit plus aisé
De tirer en longueur cet hymen proposé.
En attrapant du temps à tout on remédie.
Tantôt vous paierez de quelque maladie
Qui viendra tout à coup, et voudra des délais ;
Tantôt vous payerez de présages mauvais :
Vous aurez fait d'un mort la rencontre fâcheuse,
Cassé quelque miroir, ou songé d'eau bourbeuse.
Enfin, le bon de tout, c'est qu'à d'autres qu'à lui

On ne vous peut lier que vous ne disiez oui.
Mais, pour mieux réussir, il est bon, ce me semble,
Qu'on ne vous trouve point tous deux parlant ensemble.
[*A Valère*].
Sortez, et sans tarder employez vos amis
Pour vous faire tenir ce qu'on vous a promis.
[*A Marianne*].
Nous, allons réveiller les efforts de son frère,
Et dans notre parti jeter la belle-mère.
Adieu.

VALÈRE, *à Marianne.*

Quelques efforts que nous préparions tous,
Ma plus grande espérance, à vrai dire, est en vous.

MARIANNE, *à Valère.*

Je ne vous réponds pas des volontés d'un père;
Mais je ne serai point à d'autre qu'à Valère.

VALÈRE.

Que vous me comblez d'aise! et, quoi que puisse oser...

DORINE.

Ah ! jamais les amants ne sont las de jaser.
Sortez, vous dis-je.

VALÈRE. (*Il fait un pas, et revient.*)

Enfin...

DORINE.

Quel caquet est le vôtre !
(*Les poussant chacun par l'épaule.*)
Tirez de cette part; et vous, tirez de l'autre.

ACTE III

SCÈNE PREMIÈRE

DAMIS, DORINE.

DAMIS.

Que la foudre, sur l'heure, achève mes destins ;
Qu'on me traite partout du plus grand des faquins,
S'il est aucun respect ni pouvoir qui m'arrête,
Et si je ne fais pas quelque coup de ma tête !

DORINE.

De grâce, modérez un tel emportement ;
Votre père n'a fait qu'en parler simplement :
On n'exécute pas tout ce qui se propose,
Et le chemin est long du projet à la chose.

DAMIS.

Il faut que de ce fat j'arrête les complots,
Et qu'à l'oreille un peu je lui dise deux mots.

DORINE.

Ah! tout doux! envers lui, comme envers votre père,
Laissez agir les soins de votre belle-mère.
Sur l'esprit de Tartuffe elle a quelque crédit;
Il se rend complaisant à tout ce qu'elle dit,
Et pourroit bien avoir douceur de cœur pour elle.
Plût à Dieu qu'il fût vrai! la chose seroit belle.
Enfin, votre intérêt l'oblige à le mander;
Sur l'hymen qui vous trouble elle veut le sonder,
Savoir ses sentiments, et lui faire connoître
Quels fâcheux démêlés il pourra faire naître,
S'il faut qu'à ce dessein il prête quelque espoir.
Son valet dit qu'il prie, et je n'ai pu le voir;
Mais ce valet m'a dit qu'il s'en alloit descendre.
Sortez donc, je vous prie, et me laissez l'attendre.

DAMIS.

Je puis être présent à tout cet entretien.

DORINE.

Point : il faut qu'ils soient seuls.

DAMIS.

Je ne lui dirai rien.

DORINE.

Vous vous moquez : on sait vos transports ordinaires,
Et c'est le vrai moyen de gâter les affaires.
Sortez.

DAMIS.

Non, je veux voir, sans me mettre en courroux.

DORINE.

Que vous êtes fâcheux! Il vient, retirez-vous.

SCÈNE II

TARTUFFE, LAURENT, DORINE.

TARTUFFE, *apercevant Dorine.*

Laurent, serrez ma haire avec ma discipline,
Et priez que toujours le Ciel vous illumine.
Si l'on vient pour me voir, je vais aux prisonniers
Des aumônes que j'ai partager les deniers.

DORINE, [*à part*].

Que d'affectation et de forfanterie!

TARTUFFE.

Que voulez-vous?

DORINE.

Vous dire...

TARTUFFE. (*Il tire un mouchoir de sa poche.*)

Ah! mon Dieu! je vous prie,
Avant que de parler, prenez-moi ce mouchoir.

DORINE.

Comment?

TARTUFFE.

Couvrez ce sein, que je ne saurais voir.
Par de pareils objets les âmes sont blessées,
Et cela fait venir de coupables pensées.

DORINE.

Vous êtes donc bien tendre à la tentation,

Et la chair, sur vos sens, fait grande impression ?
Certes, je ne sais pas quelle chaleur vous monte ;
Mais à convoiter, moi, je ne suis point si prompte,
Et je vous verrois nu, du haut jusques en bas,
Que toute votre peau ne me tenteroit pas.

TARTUFFE.

Mettez dans vos discours un peu de modestie,
Ou je vais, sur le champ, vous quitter la partie.

DORINE.

Non, non ; c'est moi qui vais vous laisser en repos,
Et je n'ai seulement qu'à vous dire deux mots.
Madame va venir dans cette salle basse,
Et d'un mot d'entretien vous demande la grâce.

TARTUFFE.

Hélas ! très volontiers.

DORINE, *en soi-même.*

Comme il se radoucit !
Ma foi, je suis toujours pour ce que j'en ai dit.

TARTUFFE.

Viendra-t-elle bientôt ?

DORINE.

Je l'entends, ce me semble.
Oui, c'est elle en personne, et je vous laisse ensemble.

SCÈNE III

ELMIRE, TARTUFFE.

TARTUFFE.

Que le Ciel à jamais, par sa toute bonté,
Et de l'âme, et du corps, vous donne la santé,
Et bénisse vos jours autant que le désire
Le plus humble de ceux que son amour inspire !

ELMIRE.

Je suis fort obligée à ce souhait pieux ;
Mais prenons une chaise, afin d'être un peu mieux.

TARTUFFE.

Comment de votre mal vous sentez-vous remise?

ELMIRE.

Fort bien, et cette fièvre a bientôt quitté prise.

TARTUFFE.

Mes prières n'ont pas le mérite qu'il faut
Pour avoir attiré cette grâce d'en haut ;
Mais je n'ai fait au Ciel nulle dévote instance
Qui n'ait eu pour objet votre convalescence.

ELMIRE.

Votre zèle pour moi s'est trop inquiété.

TARTUFFE.

On ne peut trop chérir votre chère santé ;
Et, pour la rétablir, j'aurois donné la mienne.

ELMIRE.

C'est pousser bien avant la charité chrétienne,
Et je vous dois beaucoup pour toutes ces bontés.

TARTUFFE.

Je fais bien moins pour vous que vous ne méritez.

ELMIRE.

J'ai voulu vous parler en secret d'une affaire,
Et suis bien aise, ici, qu'aucun ne nous éclaire.

TARTUFFE.

J'en suis ravi de même, et sans doute il m'est doux,
Madame, de me voir seul à seul avec vous.
C'est une occasion qu'au Ciel j'ai demandée,
Sans que, jusqu'à cette heure, il me l'ait accordée.

ELMIRE.

Pour moi, ce que je veux, c'est un mot d'entretien
Où tout votre cœur s'ouvre et ne me cache rien.

TARTUFFE.

Et je ne veux aussi, pour grâce singulière,
Que montrer à vos yeux mon âme tout entière,
Et vous faire serment que les bruits que j'ai faits
Des visites qu'ici reçoivent vos attraits
Ne sont pas, envers vous, l'effet d'aucune haine,
Mais plutôt d'un transport de zèle qui m'entraîne,
Et d'un pur mouvement...

ELMIRE.

Je le prends bien aussi,
Et crois que mon salut vous donne ce souci.

TARTUFFE. (*Il lui serre le bout des doigts.*)

Oui, Madame, sans doute ; et ma ferveur est telle...

ELMIRE.

Ouf ! vous me serrez trop.

TARTUFFE.

C'est par excès de zèle.
De vous faire aucun mal je n'eus jamais dessein,
Et j'aurois bien plutôt...

(Il lui met la main sur le genou.)

ELMIRE.

Que fait là votre main ?

TARTUFFE.

Je tâte votre habit ; l'étoffe en est moelleuse.

ELMIRE.

Ah ! de grâce, laissez ; je suis fort chatouilleuse.

(Elle recule sa chaise, et Tartuffe rapproche la sienne.)

TARTUFFE.

Mon Dieu ! que de ce point l'ouvrage est merveilleux !
On travaille aujourd'hui d'un air miraculeux ;
Jamais, en toute chose, on n'a vu si bien faire.

ELMIRE.

Il est vrai. Mais parlons un peu de notre affaire.
On tient que mon mari veut dégager sa foi,
Et vous donner sa fille : est-il vrai, dites-moi ?

TARTUFFE.

Il m'en a dit deux mots ; mais Madame, à vrai dire,
Ce n'est pas le bonheur après quoi je soupire ;
Et je vois autre part les merveilleux attraits
De la félicité qui fait tous mes souhaits.

ELMIRE.

C'est que vous n'aimez rien des choses de la terre.

TARTUFFE.

Mon sein n'enferme pas un cœur qui soit de pierre.

ELMIRE.

Pour moi, je crois qu'au Ciel tendent tous vos soupirs,
Et que rien, ici-bas, n'arrête vos désirs.

TARTUFFE.

L'amour qui nous attache aux beautés éternelles
N'étouffe pas en nous l'amour des temporelles.
Nos sens facilement peuvent être charmés
Des ouvrages parfaits que le Ciel a formés.
Ses attraits réfléchis brillent dans vos pareilles,
Mais il étale en vous ses plus rares merveilles ;
Il a sur votre face épanché des beautés
Dont les yeux sont surpris, et les cœurs transportés ;
Et je n'ai pu vous voir, parfaite créature,
Sans admirer en vous l'auteur de la nature,
Et d'un ardent amour sentir mon cœur atteint,
Au plus beau des portraits où lui-même il s'est peint.
D'abord j'appréhendai que cette ardeur secrète
Ne fût du noir esprit une surprise adroite ;
Et même à fuir vos yeux mon cœur se résolut,
Vous croyant un obstacle à faire mon salut.
Mais enfin je connus, ô beauté toute aimable,
Que cette passion peut n'être point coupable ;
Que je puis l'ajuster avecque la pudeur,
Et c'est ce qui m'y fait abandonner mon cœur.
Ce m'est, je le confesse, une audace bien grande
Que d'oser de ce cœur vous adresser l'offrande ;
Mais j'attends, en mes vœux, tout de votre bonté,

Et rien des vains efforts de mon infirmité.
En vous est mon espoir, mon bien, ma quiétude ;
De vous dépend ma peine, ou ma béatitude ;
Et je vais être enfin, par votre seul arrêt,
Heureux, si vous voulez ; malheureux, s'il vous plaît.

ELMIRE.

La déclaration est tout à fait galante ;
Mais elle est, à vrai dire, un peu bien surprenante.
Vous deviez, ce me semble, armer mieux votre sein,
Et raisonner un peu sur un pareil dessein.
Un dévot comme vous, et que partout on nomme...

TARTUFFE.

Ah ! pour être dévot, je n'en suis pas moins homme ;
Et, lors qu'on vient à voir vos célestes appas,
Un cœur se laisse prendre, et ne raisonne pas.
Je sais qu'un tel discours de moi paroît étrange ;
Mais, Madame, après tout, je ne suis pas un ange,
Et, si vous condamnez l'aveu que je vous fais,
Vous devez vous en prendre à vos charmants attraits.
Dès que j'en vis briller la splendeur plus qu'humaine,
De mon intérieur vous fûtes souveraine ;
De vos regards divins l'ineffable douceur
Força la résistance où s'obstinait mon cœur ;
Elle surmonta tout, jeûnes, prières, larmes,
Et tourna tous mes vœux du côté de vos charmes.
Mes yeux et mes soupirs vous l'ont dit mille fois,
Et, pour mieux m'expliquer, j'emploie ici la voix.
Que si vous contemplez d'une âme un peu bénigne
Les tribulations de votre esclave indigne ;

S'il faut que vos bontés veuillent me consoler,
Et jusqu'à mon néant veuille se ravaler,
J'aurai toujours pour vous, ô suave merveille,
Une dévotion à nulle autre pareille.
Votre honneur, avec moi, ne court point de hasard,
Et n'a nulle disgrâce à craindre de ma part.
Tous ces galants de cour, dont les femmes sont folles,
Sont bruyants dans leurs faits, et vains dans leurs paroles;
De leurs progrès sans cesse on les voit se targuer;
Ils n'ont point de faveurs qu'ils n'aillent divulguer,
Et leur langue indiscrète, en qui l'on se confie,
Déshonore l'autel où leur cœur sacrifie.
Mais les gens comme nous brûlent d'un feu discret,
Avec qui, pour toujours, on est sûr du secret :
Le soin que nous prenons de notre renommée
Répond de toute chose à la personne aimée,
Et c'est en nous qu'on trouve, acceptant notre cœur,
De l'amour sans scandale et du plaisir sans peur.

ELMIRE.

Je vous écoute dire, et votre rhétorique
En termes assez forts à mon âme s'explique.
N'appréhendez-vous point que je ne sois d'humeur
A dire à mon mari cette galante ardeur,
Et que le prompt avis d'un amour de la sorte
Ne pût bien altérer l'amitié qu'il vous porte?

TARTUFFE.

Je sais que vous avez trop de bénignité,
Et que vous ferez grâce à ma témérité;
Que vous m'excuserez, sur l'humaine faiblesse,

Des violents transports d'un amour qui vous blesse,
Et considérerez, en regardant votre air,
Que l'on n'est pas aveugle, et qu'un homme est de chair.

ELMIRE.

D'autres prendraient cela d'autre façon, peut-être ;
Mais ma discrétion se veut faire paroître.
Je ne redirai point l'affaire à mon époux ;
Mais je veux, en revanche, une chose de vous :
C'est de presser tout franc, et sans nulle chicane,
L'union de Valère avecque Marianne ;
De renoncer vous-même à l'injuste pouvoir
Qui veut du bien d'un autre enrichir votre espoir ;
Et...

SCÈNE IV

ELMIRE, DAMIS, TARTUFFE.

DAMIS, *sortant du petit cabinet où il s'étoit retiré.*

Non, Madame, non ; ceci doit se répandre.
J'étois en cet endroit, d'où j'ai pu tout entendre.
Et la bonté du Ciel m'y semble avoir conduit
Pour confondre l'orgueil d'un traître qui me nuit,
Pour m'ouvrir une voie à prendre la vengeance
De son hypocrisie et de son insolence,
A détromper mon père, et lui mettre en plein jour
L'âme d'un scélérat qui vous parle d'amour.

ELMIRE.

Non, Damis, il suffit qu'il se rende plus sage,
Et tâche à mériter la grâce où je m'engage.
Puisque je l'ai promis, ne m'en dédites pas.
Ce n'est point mon humeur de faire des éclats ;
Une femme se rit de sottises pareilles,
Et jamais d'un mari n'en trouble les oreilles.

DAMIS.

Vous avez vos raisons pour en user ainsi,
Et, pour faire autrement, j'ai les miennes aussi.
Le vouloir épargner est une raillerie ;
Et l'insolent orgueil de sa cagoterie
N'a triomphé que trop de mon juste courroux,
Et que trop excité de désordre chez nous.
Le fourbe trop longtemps a gouverné mon père,
Et desservi mes feux avec ceux de Valère.
Il faut que du perfide il soit désabusé,
Et le Ciel, pour cela, m'offre un moyen aisé.
De cette occasion je lui suis redevable,
Et, pour la négliger, elle est trop favorable.
Ce seroit mériter qu'il me la vînt ravir
Que de l'avoir en main et ne m'en pas servir.

ELMIRE.

Damis !...

DAMIS.

Non, s'il vous plaît, il faut que je me croie.
Mon âme est maintenant au comble de sa joie,
Et vos discours en vain prétendent m'obliger
A quitter le plaisir de me pouvoir venger.

Sans aller plus avant, je vais vider l'affaire ;
Et voici justement de quoi me satisfaire.

SCÈNE V

ORGON, DAMIS, TARTUFFE, ELMIRE.

DAMIS.

Nous allons régaler, mon père, votre abord
D'un incident, tout frais, qui vous surprendra fort.
Vous êtes bien payé de toutes vos caresses,
Et Monsieur d'un beau prix reconnoit vos tendresses.
Son grand zèle pour vous vient de se déclarer ;
Il ne va pas à moins qu'à vous déshonorer,
Et je l'ai surpris, là, qui faisoit à Madame
L'injurieux aveu d'une coupable flamme.
Elle est d'une humeur douce, et son cœur, trop discret,
Vouloit, à toute force, en garder le secret ;
Mais je ne puis flatter une telle impudence,
Et crois que vous la taire est vous faire une offense.

ELMIRE.

Oui, je tiens que jamais de tous ces vains propos
On ne doit d'un mari traverser le repos ;
Que ce n'est point de là que l'honneur peut dépendre,
Et qu'il suffit, pour nous, de savoir nous défendre.
Ce sont mes sentiments ; et vous n'auriez rien dit,
Damis, si j'avois eu sur vous quelque crédit.

SCÈNE VI

ORGON, DAMIS, TARTUFFE.

ORGON.

Ce que je viens d'entendre, ô Ciel ! est-il croyable?

TARTUFFE.

Oui, mon frère, je suis un méchant, un coupable,
Un malheureux pécheur, tout plein d'iniquité,
Le plus grand scélérat qui jamais ait été.
Chaque instant de ma vie est chargé de souillures ;
Elle n'est qu'un amas de crimes et d'ordures,
Et je vois que le Ciel, pour ma punition,
Me veut mortifier en cette occasion.
De quelque grand forfait qu'on me puisse reprendre,
Je n'ai garde d'avoir l'orgueil de m'en défendre.
Croyez ce qu'on vous dit ; armez votre courroux,
Et comme un criminel chassez-moi de chez vous.
Je ne saurois avoir tant de honte en partage
Que je n'en aie encor mérité davantage.

ORGON, *à son fils.*

Ah ! traître, oses-tu bien, par cette fausseté,
Vouloir de sa vertu ternir la pureté ?

DAMIS.

Quoi ! la feinte douceur de cette âme hypocrite
Vous fera démentir...

ORGON.

Tais-toi, peste maudite !

TARTUFFE.

Ah ! laissez-le parler ; vous l'accusez à tort,
Et vous ferez bien mieux de croire à son rapport.
Pourquoi sur un tel fait m'être si favorable ?
Savez-vous, après tout, de quoi je suis capable ?
Vous fiez-vous, mon frère, à mon extérieur ?
Et, pour tout ce qu'on voit, me croyez-vous meilleur ?
Non, non ; vous vous laissez tromper à l'apparence,
Et je ne suis rien moins, hélas ! que ce qu'on pense.
Tout le monde me prend pour un homme de bien ;
Mais la vérité pure est que je ne vaux rien.

(*S'adressant à Damis.*)

Oui, mon cher fils, parlez ; traitez-moi de perfide,
D'infâme, de perdu, de voleur, d'homicide ;
Accablez-moi de noms encor plus détestés ;
Je n'y contredis point, je les ai mérités,
Et j'en veux à genoux souffrir l'ignominie,
Comme une honte due aux crimes de ma vie.

ORGON, *à Tartuffe.*

Mon frère, c'en est trop.

(*A son fils.*)

Ton cœur ne se rend point,
Traître ?

DAMIS.

Quoi ! ses discours vous séduiront au point....

ORGON.

Tais-toi, pendard !

(*A Tartuffe.*)

Mon frère, ah ! levez-vous, de grâce.

(*A son fils.*)

Infâme !

DAMIS.

Il peut...

ORGON.

Tais-toi.

DAMIS.

J'enrage ! Quoi ! je passe...

ORGON.

Si tu dis un seul mot, je te romprai les bras.

TARTUFFE.

Mon frère, au nom de Dieu, ne vous emportez pas !
J'aimerois mieux souffrir la peine la plus dure
Qu'il eût reçu pour moi la moindre égratignure.

ORGON, *à son fils.*

Ingrat !

TARTUFFE.

Laissez-le en paix. S'il faut, à deux genoux,
Vous demander sa grâce...

ORGON, *à Tartuffe.*

Hélas ! Vous moquez-vous ?

(*A son fils.*)

Coquin, vois sa bonté !

DAMIS.

Donc...

ORGON.

Paix !

DAMIS.

Quoi, je...

ORGON.

Paix, dis-je !

Je sais bien quel motif à l'attaquer t'oblige.
Vous le haïssez tous, et je vois aujourd'hui
Femme, enfants et valets déchaînés contre lui.
On met impudemment toute chose en usage
Pour ôter de chez moi ce dévot personnage ;
Mais, plus on fait d'effort afin de l'en bannir,
Plus j'en veux employer à l'y mieux retenir,
Et je vais me hâter de lui donner ma fille,
Pour confondre l'orgueil de toute ma famille.

DAMIS.

A recevoir sa main on pense l'obliger ?

ORGON.

Oui, traître, et dès ce soir, pour vous faire enrager.
Ah ! je vous brave tous, et vous ferai connoître
Qu'il faut qu'on m'obéisse, et que je suis le maître.
Allons, qu'on se retracte, et qu'à l'instant, fripon,
On se jette à ses pieds, pour demander pardon.

DAMIS.

Qui, moi ? de ce coquin, qui, par ses impostures...

ORGON.

Ah ! tu résistes, gueux, et lui dis des injures ?
Un bâton, un bâton !

(*A Tartuffe.*)

Ne me retenez pas.

(*A son fils.*)
Sus, que de ma maison on sorte de ce pas,
Et que d'y revenir on n'ait jamais l'audace.

DAMIS.

Oui, je sortirai, mais...

ORGON.

Vite, quittons la place.
Je te prive, pendard, de ma succession,
Et te donne, de plus, ma malédiction.

SCÈNE VII

ORGON, TARTUFFE.

ORGON.

Offenser de la sorte une sainte personne !

TARTUFFE.

O Ciel ! pardonne-lui la douleur qu'il me donne.
(*A Orgon.*)
Si vous pouviez savoir avec quel déplaisir
Je vois qu'envers mon frère on tâche à me noircir...

ORGON.

Hélas !

TARTUFFE.

Le seul penser de cette ingratitude
Fait souffrir à mon âme un supplice si rude...

L'horreur que j'en conçois... J'ai le cœur si serré
Que je ne puis parler, et crois que j'en mourrai.

(ORGON. *Il court tout en larmes à la porte par où il a chassé son fils.*)

Coquin ! je me repens que ma main t'ait fait grâce,
Et ne t'ait pas d'abord assommé sur la place.

[*A Tartuffe.*]

Remettez-vous, mon frère, et ne vous fâchez pas.

TARTUFFE.

Rompons, rompons le cours de ces fâcheux débats.
Je regarde céans quels grands troubles j'apporte,
Et crois qu'il est besoin, mon frère, que j'en sorte.

ORGON.

Comment ! Vous moquez-vous ?

TARTUFFE.

On m'y hait, et je voi
Qu'on cherche à vous donner des soupçons de ma foi.

ORGON.

Qu'importe ! Voyez-vous que mon cœur les écoute ?

TARTUFFE.

On ne manquera pas de poursuivre, sans doute;
Et ces mêmes rapports, qu'ici vous rejetez,
Peut-être, une autre fois, seront-ils écoutés.

ORGON.

Non, mon frère, jamais.

TARTUFFE.

Ah ! mon frère, une femme
Aisément d'un mari peut bien surprendre l'âme.

ORGON.

Non, non.

TARTUFFE.

Laissez-moi vite, en m'éloignant d'ici,
Leur ôter tout sujet de m'attaquer ainsi.

ORGON.

Non, vous demeurerez ; il y va de ma vie.

TARTUFFE.

Hé bien, il faudra donc que je me mortifie.
Pourtant, si vous vouliez...

ORGON.

Ah !

TARTUFFE.

Soit, n'en parlons plus.
Mais je sais comme il faut en user là-dessus.
L'honneur est délicat, et l'amitié m'engage
A prévenir les bruits, et les sujets d'ombrage.
Je fuirai votre épouse, et vous ne me verrez...

ORGON.

Non, en dépit de tous, vous la fréquenterez.
Faire enrager le monde est ma plus grande joie,
Et je veux qu'à toute heure avec elle on vous voie.
Ce n'est pas tout encor : pour les mieux braver tous,
Je ne veux point avoir d'autre héritier que vous,
Et je vais, de ce pas, en fort bonne manière,
Vous faire de mon bien donation entière.
Un bon et franc ami, que pour gendre je prends,

M'est bien plus cher que fils, que femme et que parents.[1]
N'accepterez-vous pas ce que je vous propose ?

TARTUFFE.

La volonté du Ciel soit faite en toute chose !

ORGON.

Le pauvre homme ! Allons vite en dresser un écrit,
Et que puisse l'envie en crever de dépit !

ACTE IV

SCÈNE PREMIÈRE

CLÉANTE, TARTUFFE.

CLÉANTE.

Oui, tout le monde en parle, et vous m'en pouvez croire.
L'éclat que fait ce bruit n'est point à votre gloire ;
Et je vous ai trouvé, Monsieur, fort à propos
Pour vous en dire net ma pensée en deux mots.
Je n'examine point à fond ce qu'on expose ;
Je passe là-dessus, et prends au pis la chose.
Supposons que Damis n'en ait pas bien usé,
Et que ce soit à tort qu'on vous ait accusé ;
N'est-il pas d'un chrétien de pardonner l'offense,
Et d'éteindre en son cœur tout désir de vengeance ?
Et devez-vous souffrir, pour votre démêlé,
Que du logis d'un père un fils soit exilé ?
Je vous le dis encore, et parle avec franchise,

Il n'est petit, ni grand, qui ne s'en scandalise ;
Et, si vous m'en croyez, vous pacifierez tout,
Et ne pousserez point les affaires à bout.
Sacrifiez à Dieu toute votre colère,
Et remettez le fils en grâce avec le père.

TARTUFFE.

Hélas ! je le voudrois, quant à moi, de bon cœur :
Je ne garde pour lui, Monsieur, aucune aigreur;
Je lui pardonne tout, de rien je ne le blâme,
Et voudrois le servir du meilleur de mon âme.
Mais l'intérêt du Ciel n'y sauroit consentir,
Et, s'il rentre céans, c'est à moi d'en sortir.
Après son action, qui n'eut jamais d'égale,
Le commerce entre nous porterait du scandale :
Dieu sait ce que d'abord tout le monde en croiroit ! !
A pure politique on me l'imputeroit,
Et l'on diroit partout que, me sentant coupable,
Je feins pour qui m'accuse un zèle charitable ;
Que mon cœur l'appréhende, et veut le ménager
Pour le pouvoir, sous main, au silence engager.

CLÉANTE.

Vous nous payez ici d'excuses colorées,
Et toutes vos raisons, Monsieur, sont trop tirées.
Des intérêts du Ciel pourquoi vous chargez-vous ?
Pour punir le coupable, a-t-il besoin de nous ?
Laissez-lui, laissez-lui le soin de ses vengeances,
Ne songez qu'au pardon qu'il prescrit des offenses,
Et ne regardez point aux jugements humains
Quand vous suivez du Ciel les ordres souverains.

Quoi? le faible intérêt de ce qu'on pourra croire
D'une bonne action empêchera la gloire !
Non, non; faisons toujours ce que le Ciel prescrit,
Et d'aucun autre soin ne nous brouillons l'esprit.

TARTUFFE.

Je vous ai déjà dit que mon cœur lui pardonne,
Et c'est faire, Monsieur, ce que le Ciel ordonne ;
Mais, après le scandale et l'affront d'aujourd'hui,
Le Ciel n'ordonne pas que je vive avec lui.

CLÉANTE.

Et vous ordonne-t-il, Monsieur, d'ouvrir l'oreille
A ce qu'un pur caprice à son père conseille,
Et d'accepter le don qui vous est fait d'un bien
Où le droit vous oblige à ne prétendre rien ?

TARTUFFE.

Ceux qui me connoîtront n'auront pas la pensée
Que ce soit un effet d'une âme intéressée.
Tous les biens de ce monde ont pour moi peu d'appas ;
De leur éclat trompeur je ne m'éblouis pas ;
Et, si je me résous à recevoir du père
Cette donation qu'il a voulu me faire,
Ce n'est, à dire vrai, que parce que je crains
Que tout ce bien ne tombe en de méchantes mains;
Qu'il ne trouve des gens qui, l'ayant en partage,
En fassent dans le monde un criminel usage,
Et ne s'en servent pas, ainsi que j'ai dessein,
Pour la gloire du Ciel, et le bien du prochain.

CLÉANTE.

Hé, Monsieur, n'ayez point ces délicates craintes,

Qui d'un juste héritier peuvent causer les plaintes.
Souffrez, sans vous vouloir embarrasser de rien,
Qu'il soit, à ses périls, possesseur de son bien ;
Et songez qu'il vaut mieux encor qu'il en mésuse,
Que si de l'en frustrer il faut qu'on vous accuse.
J'admire seulement que, sans confusion,
Vous en ayez souffert la proposition :
Car, enfin, le vrai zèle a-t-il quelque maxime
Qui montre à dépouiller l'héritier légitime ?
Et, s'il faut que le Ciel dans votre cœur ait mis
Un invincible obstacle à vivre avec Damis,
Ne vaudroit-il pas mieux qu'en personne discrète
Vous fissiez de céans une honnête retraite,
Que de souffrir ainsi, contre toute raison,
Qu'on en chasse, pour vous, le fils de la maison ?
Croyez-moi, c'est donner de votre prud'hommie,
Monsieur,...

TARTUFFE.

Il est, Monsieur, trois heures et demie ;
Certain devoir pieux me demande là-haut,
Et vous m'excuserez de vous quitter si tôt.

CLÉANTE.

Ah !

SCÈNE II

ELMIRE, MARIANNE, DORINE, CLÉANTE.

DORINE.

De grâce, avec nous employez-vous pour elle,
Monsieur : son âme souffre une douleur mortelle,
Et l'accord que son père a conclu pour ce soir
L'a fait à tous moments entrer en désespoir.
Il va venir ; joignons nos efforts, je vous prie,
Et tâchons d'ébranler, de force ou d'industrie,
Ce malheureux dessein, qui nous a tous troublés.

SCÈNE III

ORGON, ELMIRE, MARIANNE, CLÉANTE, DORINE.

ORGON.

Ha ! je me réjouis de vous voir assemblés.
(*A Marianne.*)
Je porte en ce contrat de quoi vous faire rire,
Et vous savez déjà ce que cela veut dire.

MARIANNE, *à genoux.*

Mon père, au nom du Ciel, qui connoit ma douleur,
Et par tout ce qui peut émouvoir votre cœur,
Relâchez-vous un peu des droits de la naissance,
Et dispensez mes vœux de cette obéissance.
Ne me réduisez point, par cette dure loi,
Jusqu'à me plaindre au Ciel de ce que je vous doi;
Et cette vie, hélas! que vous m'avez donnée,
Ne me la rendez pas, mon père, infortunée.
Si, contre un doux espoir que j'avois pu former,
Vous me défendez d'être à ce que j'ose aimer,
Au moins par vos bontés, qu'à vos genoux j'implore,
Sauvez-moi du tourment d'être à ce que j'abhore,
Et ne me portez point à quelque désespoir,
En vous servant sur moi de tout votre pouvoir.

ORGON, *se sentant attendrir.*

Allons, ferme, mon cœur! point de faiblesse humaine!

MARIANNE.

Vos tendresses pour lui ne me font point de peine:
Faites-les éclater, donnez-lui votre bien,
Et, si ce n'est assez, joignez-y tout le mien:
J'y consens de bon cœur, et je vous l'abandonne;
Mais, au moins, n'allez pas jusques ma personne,
Et souffrez qu'un couvent, dans les austérités,
Use les tristes jours que le Ciel m'a comptés.

ORGON.

Ah! voilà justement de mes religieuses,
Lors qu'un père combat leurs flammes amoureuses!
Debout! Plus votre cœur répugne à l'accepter,

Plus ce sera pour vous matière à mériter.
Mortifiez vos sens avec ce mariage,
Et ne me rompez pas la tête davantage.

DORINE.

Mais quoi !...

ORGON.

Taisez-vous, vous. Parlez à votre écot.
Je vous défends, tout net, d'oser dire un seul mot.

CLÉANTE.

Si par quelque conseil vous souffrez qu'on réponde...

ORGON.

Mon frère, vos conseils sont les meilleurs du monde :
Ils sont bien raisonnés, et j'en fais un grand cas ;
Mais vous trouverez bon que je n'en use pas.

ELMIRE, *à son mari.*

A voir ce que je vois, je ne sais plus que dire,
Et votre aveuglement fait que je vous admire.
C'est être bien coiffé, bien prévenu de lui,
Que de nous démentir sur le fait d'aujourd'hui !

ORGON.

Je suis votre valet, et crois les apparences.
Pour mon fripon de fils je sais vos complaisances,
Et vous avez eu peur de le désavouer
Du trait qu'à ce pauvre homme il a voulu jouer.
Vous étiez trop tranquille, enfin, pour être crue,
Et vous auriez paru d'autre manière émue.

ELMIRE.

Est-ce qu'au simple aveu d'un amoureux transport
Il faut que notre honneur se gendarme si fort ?

Et ne peut-on répondre à tout ce qui le touche,
Que le feu dans les yeux, et l'injure à la bouche ?
Pour moi, de tels propos je me ris simplement,
Et l'éclat, là-dessus, ne me plaît nullement.
J'aime qu'avec douceur nous nous montrions sages,
Et je ne suis point, du tout, pour ces prudes sauvages
Dont l'honneur est armé de griffes et de dents,
Et veut, au moindre mot, dévisager les gens.
Me préserve le ciel d'une telle sagesse !
Je veux une vertu qui ne ne soit point diablesse,
Et crois que d'un refus la discrète froideur
N'en est pas moins puissante à rebuter un cœur.

ORGON.

Enfin, je sais l'affaire, et ne prends point le change.

ELMIRE.

J'admire, encore un coup, cette faiblesse étrange.
Mais que me répandroit votre incrédulité,
Si je vous faisois voir qu'on vous dit vérité ?

ORGON.

Voir ?

ELMIRE.

Oui.

ORGON.

Chansons !

ELMIRE.

Mais quoi ! si je trouvois manière
De vous le faire voir avec pleine lumière ?

ORGON.

Contes en l'air !

ELMIRE.

Quel homme ! Au moins, répondez-moi.
Je ne vous parle pas de vous ajouter foi ;
Mais supposons ici que, d'un lieu qu'on peut prendre,
On vous fît, clairement, tout voir et tout entendre :
Que diriez-vous alors de votre homme de bien ?

ORGON.

En ce cas, je dirois que... Je ne dirois rien,
Car cela ne se peut.

ELMIRE.

L'erreur trop longtemps dure,
Et c'est trop condamner ma bouche d'imposture.
Il faut que, par plaisir, et sans aller plus loin,
De tout ce qu'on vous dit je vous fasse témoin.

ORGON.

Soit, je vous prends au mot. Nous verrons votre adresse,
Et comment vous pourrez remplir cette promesse.

ELMIRE, [*à Dorine*].

Faites-le-moi venir.

DORINE.

Son esprit est rusé,
Et, peut-être, à surprendre il sera malaisé.

ELMIRE.

Non : on est aisément dupé par ce qu'on aime,
Et l'amour-propre engage à se tromper soi-même.
Faites-le-moi descendre.

(*Parlant à Cléante et à Marianne.*)

Et vous, retirez-vous.

SCÈNE IV

ELMIRE, ORGON.

ELMIRE.

Approchons cette table, et vous mettez dessous.

ORGON.

Comment !

ELMIRE.

Vous bien cacher est un point nécessaire . .

ORGON.

Pourquoi sous cette table ?

ELMIRE.

Ah ! mon Dieu ! laissez faire ;
J'ai mon dessein en tête, et vous en jugerez.
Mettez-vous là, vous dis-je ; et, quand vous y serez,
Gardez qu'on ne vous voie, et qu'on ne vous entende.

ORGON.

Je confesse qu'ici ma complaisance est grande ;
Mais de votre entreprise il vous faut voir sortir.

ELMIRE.

Vous n'aurez, que je crois, rien à me répartir.
(*A son mari qui est sous la table.*)
Au moins, je vais toucher une étrange matière ;
Ne vous scandalisez en aucune manière.
Quoi que je puisse dire, il doit m'être permis,
Et c'est pour vous convaincre, ainsi que j'ai promis.

Je vais par des douceurs, puisque j'y suis réduite,
Faire poser le masque à cette âme hypocrite,
Flatter de son amour les désirs effrontés,
Et donner un champ libre à ses témérités.
Comme c'est pour vous seul, et pour mieux le confondre,
Que mon âme à ses vœux va feindre de répondre,
J'aurai lieu de cesser dès que vous vous rendrez,
Et les choses n'iront que jusqu'où vous voudrez.
C'est à vous d'arrêter son ardeur insensée
Quand vous croirez l'affaire assez avant poussée,
D'épargner votre femme, et de ne m'exposer
Qu'à ce qu'il vous faudra pour vous désabuser.
Ce sont vos intérêts, vous en serez le maître,
Et... L'on vient; tenez-vous, et gardez de paroitre.

SCÈNE V

TARTUFFE, ELMIRE, ORGON.

TARTUFFE.

On m'a dit qu'en ce lieu vous me vouliez parler.

ELMIRE.

Oui, l'on a des secrets à vous y révéler.
Mais tirez cette porte, avant qu'on vous les dise,
Et regardez partout, de crainte de surprise.

[*Tartuffe va fermer la porte et revient.*]

Une affaire pareille à celle de tantôt

N'est pas assurément ici ce qu'il nous faut.
Jamais il ne s'est vu de surprise de même ;
Damis m'a fait pour vous une frayeur extrême,
Et vous avez bien vu que j'ai fait mes efforts
Pour rompre son dessein et calmer ses transports.
Mon trouble, il est bien vrai, m'a si fort possédée
Que de le démentir je n'ai point eu l'idée ;
Mais par là, grâce au Ciel, tout a bien mieux été,
Et les choses en sont dans plus de sûreté.
L'estime où l'on vous tient a dissipé l'orage,
Et mon mari de vous ne peut prendre d'ombrage.
Pour mieux braver l'éclat des mauvais jugements,
Il veut que nous soyons ensemble à tous moments ;
Et c'est par où je puis, sans peur d'être blâmée,
Me trouver ici seule avec vous enfermée,
Et ce qui m'autorise à vous ouvrir un cœur
Un peu trop prompt, peut-être, à souffrir votre ardeur.

TARTUFFE.

Ce langage à comprendre est assez difficile,
Madame, et vous parliez tantôt d'un autre style.

ELMIRE.

Ah ! si d'un tel refus vous êtes en courroux,
Que le cœur d'une femme est mal connu de vous !
Et que vous savez peu ce qu'il veut faire entendre
Lors que si faiblement on le voit se défendre !
Toujours notre pudeur combat, dans ces moments,
Ce qu'on peut nous donner de tendres sentiments.
Quelque raison qu'on trouve à l'amour qui nous dompte
On trouve à l'avouer toujours un peu de honte.

On s'en défend d'abord ; mais, de l'air qu'on s'y prend,
On fait connoitre assez que notre cœur se rend,
Qu'à nos vœux, par honneur, notre bouche s'oppose,
Et que de tels refus promettent toute chose.
C'est vous faire sans doute un assez libre aveu,
Et sur notre pudeur me ménager bien peu ;
Mais, puisque la parole enfin en est lâchée,
A retenir Damis me serois-je attachée ?
Aurois-je, je vous prie, avec tant de douceur
Ecouté tout au long l'offre de votre cœur?
Aurois-je pris la chose ainsi qu'on m'a vu faire,
Si l'offre de ce cœur n'eût eu de quoi me plaire ?
Et, lors que j'ai voulu moi-même vous forcer
A refuser l'hymen qu'on venoit d'annoncer,
Qu'est-ce que cette instance a dû vous faire entendre,
Que l'intérêt qu'en vous on s'avise de prendre,
Et l'ennui qu'on auroit que ce nœud qu'on résout
Vînt partager du moins un cœur que l'on veut tout ?

TARTUFFE.

C'est sans doute, Madame, une douceur extrême
Que d'entendre ces mots d'une bouche qu'on aime ;
Leur miel dans tous mes sens fait couler à longs traits
Une suavité qu'on ne goûta jamais.
Le bonheur de vous plaire est ma suprême étude,
Et mon cœur de vos vœux fait sa béatitude ;
Mais ce cœur vous demande ici la liberté
D'oser douter un peu de sa félicité.
Je puis croire ces mots un artifice honnête
Pour m'obliger à rompre un hymen qui s'apprête ;

Et, s'il faut librement m'expliquer avec vous,
Je ne me fierai point à des propos si doux
Qu'un peu de vos faveurs, après quoi je soupire,
Ne vienne m'assurer tout ce qu'ils m'ont pu dire,
Et planter dans mon âme une constante foi
Des charmantes bontés que vous avez pour moi.

ELMIRE. (*Elle tousse pour avertir son mari.*)

Quoi! vous voulez aller avec cette vitesse,
Et d'un cœur, tout d'abord, épuiser la tendresse?
On se tue à vous faire un aveu des plus doux;
Cependant ce n'est pas encore assez pour vous,
Et l'on ne peut aller jusqu'à vous satisfaire
Qu'aux dernières faveurs on ne pousse l'affaire?

TARTUFFE.

Moins on mérite un bien, moins on l'ose espérer.
Nos vœux sur des discours ont peine à s'assurer.
On soupçonne aisément un sort tout plein de gloire,
Et l'on veut en jouir, avant que de le croire.
Pour moi, qui crois si peu mériter vos bontés,
Je doute du bonheur de mes témérités,
Et je ne croirai rien, que vous n'ayez, Madame,
Par des réalités su convaincre ma flamme.

ELMIRE.

Mon Dieu! que votre amour en vrai tyran agit,
Et qu'en un trouble étrange il me jette l'esprit!
Que sur les cœurs il prend un furieux empire,
Et qu'avec violence il veut ce qu'il désire!
Quoi! de votre poursuite on ne peut se parer,
Et vous ne donnez pas le temps de respirer?

Sied-il bien de tenir une rigueur si grande,
De vouloir, sans quartier, les choses qu'on demande,
Et d'abuser ainsi, par vos efforts pressants,
Du faible que pour vous vous voyez qu'ont les gens?

TARTUFFE.

Mais, si d'un œil benin vous voyez mes hommages,
Pourquoi m'en refuser d'assurés témoignages?

ELMIRE.

Mais comment consentir à ce que vous voulez,
Sans offenser le Ciel, dont toujours vous parlez?

TARTUFFE.

Si ce n'est que le Ciel qu'à mes vœux on oppose,
Lever un tel obstacle est à moi peu de chose,
Et cela ne doit pas retenir votre cœur.

ELMIRE.

Mais des arrêts du Ciel on nous fait tant de peur!

TARTUFFE.

Je puis vous dissiper ces craintes ridicules,
Madame, et je sais l'art de lever les scrupules.
Le Ciel défend, de vrai, certains contentements;
Mais on trouve avec lui des accommodements.

(C'est un scélérat qui parle.)

Selon divers besoins, il est une science
D'étendre les liens de notre conscience,
Et de rectifier le mal de l'action
Avec la pureté de notre intention.
De ces secrets, Madame, on saura vous instruire;
Vous n'avez seulement qu'à vous laisser conduire.
Contentez mon désir, et n'ayez point d'effroi;

Je vous réponds de tout, et prends le mal sur moi.
[*Elmire tousse plus fort.*]
Vous toussez fort, Madame.

ELMIRE.

Oui, je suis au supplice.

TARTUFFE.

Vous plaît-il un morceau de ce jus de réglisse?

ELMIRE.

C'est un rhume obstiné, sans doute, et je vois bien
Que tous les jus du monde, ici, ne feront rien.

TARTUFFE.

Cela, certe, est fâcheux.

ELMIRE.

Oui, plus qu'on ne peut dire.

TARTUFFE.

Enfin, votre scrupule est facile à détruire ;
Vous êtes assurée ici d'un plein secret,
Et le mal n'est jamais que dans l'éclat qu'on fait.
Le scandale du monde est ce qui fait l'offence,
Et ce n'est pas pécher que pécher en silence.

ELMIRE, *après avoir encore toussé.*

Enfin, je vois qu'il faut se résoudre à céder,
Qu'il faut que je consente à vous tout accorder ;
Et qu'à moins de cela je ne dois point prétendre
Qu'on puisse être content, et qu'on veuille se rendre.
Sans doute, il est fâcheux d'en venir jusque-là,
Et c'est bien malgré moi que je franchis cela ;
Mais, puisque l'on s'obstine à m'y vouloir réduire,
Puisqu'on ne veut point croire à tout ce qu'on peut dire

Et qu'on veut des témoins qui soient plus convainquants,
Il faut bien s'y résoudre, et contenter les gens.
Si ce contentement porte en soi quelque offence,
Tant pis pour qui me force à cette violence :
La faute, assurément, n'en doit pas être à moi.

TARTUFFE.

Oui, Madame, on s'en charge, et la chose de soi...

ELMIRE.

Ouvrez un peu la porte, et voyez, je vous prie,
Si mon mari n'est point dans cette galerie.

TARTUFFE.

Qu'est-il besoin, pour lui, du soin que vous prenez ?
C'est un homme, entre nous, à mener par le nez.
De tous nos entretiens il est pour faire gloire,
Et je l'ai mis au point de voir tout, sans rien croire.

ELMIRE.

Il n'importe. Sortez, je vous prie, un moment,
Et partout, là dehors, voyez exactement.

SCÈNE VI

ORGON, ELMIRE.

ORGON, *sortant de dessous la table.*

Voilà, je vous l'avoue, un abominable homme !
Je n'en puis revenir, et tout ceci m'assomme.

ELMIRE.

Quoi ! vous sortez si tôt ? vous vous moquez des gens.

Rentrez sous le tapis, il n'est pas encor temps ;
Attendez jusqu'au bout, pour voir les choses sûres,
Et ne vous fiez point aux simples conjectures.

ORGON.

Non, rien de plus méchant n'est sorti de l'enfer.

ELMIRE.

Mon Dieu, l'on ne doit point croire trop de léger.
Laissez-vous bien convaincre, avant que de vous rendre,
Et ne vous hâtez point, de peur de vous méprendre.

(*Elle fait mettre son mari derrière elle.*)

SCÈNE VII

TARTUFFE, ELMIRE, ORGON.

TARTUFFE.

Tout conspire, Madame, à mon contentement :
J'ai visité, de l'œil, tout cet appartement ;
Personne ne s'y trouve, et mon âme ravie...

ORGON, *en l'arrêtant.*

Tout doux ! vous suivez trop votre amoureuse envie,
Et vous ne devez pas vous tant passionner.
Ah ! ah ! l'homme de bien, vous m'en vouliez donner !
Comme aux tentations s'abandonne votre âme !
Vous épousiez ma fille, et convoitiez ma femme !
J'ai douté, fort longtemps, que ce fût tout de bon,

Et je croyois toujours qu'on changeroit de ton.
Mais c'est assez avant pousser le témoignage :
Je m'y tiens, et n'en veux, pour moi, pas davantage.

ELMIRE [*à Tartuffe*].

C'est contre mon humeur que j'ai fait tout ceci ;
Mais on m'a mise au point de vous traiter ainsi.

TARTUFFE [*à Orgon*].

Quoi! vous croyez...

ORGON.

Allons, point de bruit, je vous prie.
Dénichons de céans, et sans cérémonie.

TARTUFFE.

Mon dessein...

ORGON.

Ces discours ne sont plus de saison ;
Il faut, tout sur le champ, sortir de la maison.

TARTUFFE.

C'est à vous d'en sortir, vous qui parlez en maître.
La maison m'appartient, je le ferai connoitre,
Et vous montrerai bien qu'en vain on a recours,
Pour me chercher querelle, à ces lâches détours ;
Qu'on n'est pas où l'on pense, en me faisant injure ;
Que j'ai de quoi confondre, et punir l'imposture,
Venger le Ciel qu'on blesse, et faire repentir
Ceux qui parlent ici de me faire sortir.

SCÈNE VIII

ELMIRE, ORGON.

ELMIRE.

Quel est donc ce langage, et qu'est-ce qu'il veut dire ?

ORGON.

Ma foi, je suis confus, et n'ai pas lieu de rire.

ELMIRE.

Comment ?

ORGON.

Je vois ma faute, aux choses qu'il me dit,
Et la donation m'embarrasse l'esprit.

ELMIRE.

La donation ?...

ORGON.

Oui, c'est une affaire faite ;
Mais j'ai quelque autre chose encor qui m'inquiète.

ELMIRE.

Et quoi ?

ORGON.

Vous saurez tout ; mais voyons au plus tôt
Si certaine cassette est encore là-haut.

ACTE V

SCÈNE PREMIÈRE

ORGON, CLÉANTE.

CLÉANTE.

Où voulez-vous courir ?

ORGON.

Las ! que sais-je ?

CLÉANTE.

Il me semble
Que l'on doit commencer par consulter, ensemble,
Les choses qu'on peut faire en cet événement.

ORGON.

Cette cassette-là me trouble entièrement ;
Plus que le reste encore elle me désespère.

CLÉANTE.

Cette cassette est donc un important mystère ?

ORGON.

C'est un dépôt qu'Argas, cet ami que je plains,
Lui-même, en grand secret, m'a mis entre les mains.
Pour cela, dans sa fuite, il me voulut élire ;
Et ce sont des papiers, à ce qu'il m'a pu dire,
Où sa vie et ses biens se trouvent attachés.

CLÉANTE.

Pourquoi donc les avoir en d'autres mains lâchés ?

ORGON.

Ce fut par un motif de cas de conscience.
J'allai droit à mon traître en faire confidence,
Et son raisonnement me vint persuader
De lui donner plutôt la cassette à garder,
Afin que, pour nier, en cas de quelque enquête,
J'eusse d'un faux-fuyant la faveur toute prête,
Par où ma conscience eût pleine sûreté
A faire des serments contre la vérité.

CLÉANTE.

Vous voilà mal, au moins si j'en crois l'apparence ;
Et la donation, et cette confidence
Sont, à vous en parler selon mon sentiment,
Des démarches par vous faites légèrement.
On peut vous mener loin avec de pareils gages,
Et, cet homme sur vous ayant ces avantages,
Le pousser est encor grande imprudence à vous,
Et vous deviez chercher quelque biais plus doux.

ORGON.

Quoi ! sous un beau semblant de ferveur si touchante,
Cacher un cœur si double, une âme si méchante !

Et moi, qui l'ai reçu gueusant, et n'ayant rien...
C'en est fait, je renonce à tous les gens de bien.
J'en aurai désormais une horreur effroyable,
Et m'en vais devenir, pour eux, pire qu'un diable.

CLÉANTE.

Eh bien, ne voilà pas de vos emportements !
Vous ne gardez en rien les doux tempéraments ;
Dans la droite raison jamais n'entre la vôtre,
Et toujours, d'un excès, vous vous jetez dans l'autre.
Vous voyez votre erreur, et vous avez connu
Que par un zèle feint vous étiez prévenu ;
Mais, pour vous corriger, quelle raison demande
Que vous alliez passer dans une erreur plus grande,
Et qu'avecque le cœur d'un perfide vaurien
Vous confondiez les cœurs de tous les gens de bien
Quoi ! parce qu'un fripon vous dupe, avec audace,
Sous le pompeux éclat d'une austère grimace,
Vous voulez que partout on soit fait comme lui,
Et qu'aucun vrai dévot ne se trouve aujourd'hui ?
Laissez aux libertins ces sottes conséquences,
Démêlez la vertu d'avec ses apparences,
Ne hasardez jamais votre estime trop tôt,
Et soyez, pour cela, dans le milieu qu'il faut.
Gardez-vous, s'il se peut, d'honorer l'imposture ;
Mais au vrai zèle aussi n'allez pas faire injure,
Et, s'il vous faut tomber dans une extrémité,
Péchez plutôt encor de cet autre côté.

SCÈNE II

DAMIS, ORGON, CLÉANTE.

DAMIS.

Quoi, mon père, est-il vrai qu'un coquin vous menace?
Qu'il n'est point de bienfait qu'en son âme il n'efface,
Et que son lâche orgueil, trop digne de courroux,
Se fait de vos bontés des armes contre vous?

ORGON.

Oui, mon fils, et j'en sens des douleurs non pareilles.

DAMIS.

Laissez-moi, je lui veux couper les deux oreilles.
Contre son insolence on ne doit point gauchir :
C'est à moi, tout d'un coup, de vous en affranchir ;
Et, pour sortir d'affaire, il faut que je l'assomme.

CLÉANTE.

Voilà, tout justement, parler en vrai jeune homme.
Modérez, s'il vous plaît, ces transports éclatants ;
Nous vivons sous un règne, et sommes dans un temps
Où par la violence on fait mal ses affaires.

SCÈNE III

MADAME PERNELLE, MARIANNE, ELMIRE, DORINE, DAMIS, ORGON, CLÉANTE.

MADAME PERNELLE.

Qu'est-ce ? J'apprends ici de terribles mystères !

ORGON.

Ce sont des nouveautés dont mes yeux sont témoins,
Et vous voyez le prix dont sont payés mes soins.
Je recueille, avec zèle, un homme en sa misère ;
Je le loge, et le tiens comme mon propre frère ;
De bienfaits, chaque jour, il est par moi chargé ;
Je lui donne ma fille, et tout le bien que j'ai ;
Et, dans le même temps, le perfide, l'infâme,
Tente le noir dessein de suborner ma femme ;
Et, non content encor de ces lâches essais,
Il m'ose menacer de mes propres bienfaits,
Et veut, à ma ruine, user des avantages
Dont le viennent d'armer mes bontés trop peu sages,
Me chasser de mes biens où je l'ai transféré,
Et me réduire au point d'où je l'ai retiré !

DORINE.

Le pauvre homme !

MADAME PERNELLE.

Mon fils, je ne puis du tout croire
Qu'il ait voulu commettre une action si noire.

ORGON.

Comment ?

MADAME PERNELLE.

Les gens de bien sont enviés toujours.

ORGON.

Que voulez-vous donc dire avec votre discours,
Ma mère ?

MADAME PERNELLE.

Que chez vous on vit d'étrange sorte,
Et qu'on ne sait que trop la haine qu'on lui porte.

ORGON.

Qu'a cette haine à faire avec ce qu'on vous dit ?

MADAME PERNELLE.

Je vous l'ai dit cent fois, quand vous étiez petit :
La vertu, dans le monde, est toujours poursuivie ;
Les envieux mourront, mais non jamais l'envie.

ORGON.

Mais que fait ce discours aux choses d'aujourd'hui ?

MADAME PERNELLE.

On vous aura forgé cent sots contes de lui.

ORGON.

Je vous ai dit, déjà, que j'ai vu tout moi-même.

MADAME PERNELLE.

Des esprits médisants la malice est extrême.

ORGON.

Vous me feriez damner, ma mère. Je vous di

Que j'ai vu, de mes yeux, un crime si hardi.

MADAME PERNELLE.

Les langues ont toujours du venin à répandre,
Et rien n'est, ici-bas, qui s'en puisse défendre.

ORGON.

C'est tenir un propos de sens bien dépourvu !
Je l'ai vu, dis-je, vu, de mes propres yeux vu,
Ce qu'on appelle vu. Faut-il vous le rebattre
Aux oreilles cent fois, et crier comme quatre ?

MADAME PERNELLE.

Mon Dieu ! le plus souvent, l'apparence déçoit :
Il ne faut pas toujours juger sur ce qu'on voit.

ORGON.

J'enrage !

MADAME PERNELLE.

Aux faux soupçons la nature est sujette,
Et c'est souvent à mal que le bien s'interprète.

ORGON.

Je dois interpréter à charitable soin
Le désir d'embrasser ma femme ?

MADAME PERNELLE.

Il est besoin,
Pour accuser les gens, d'avoir de justes causes,
Et vous deviez attendre à vous voir sûr des choses.

ORGON.

Hé ! diantre ! le moyen de m'en assurer mieux ?
Je devois donc, ma mère, attendre qu'à mes yeux
Il eût... Vous me feriez dire quelque sottise.

MADAME PERNELLE.

Enfin, d'un trop pur zèle on voit son âme éprise ;
Et je ne puis du tout me mettre dans l'esprit
Qu'il ait voulu tenter les choses que l'on dit.

ORGON.

Allez, je ne sais pas, si vous n'étiez pas ma mère,
Ce que je vous dirois, tant je suis en colère.

DORINE [*à Orgon*].

Juste retour, Monsieur, des choses d'ici-bas :
Vous ne vouliez point croire, et l'on ne vous croit pas.

CLÉANTE.

Nous perdons des moments, en bagatelles pures,
Qu'il faudroit employer à prendre des mesures.
Aux menaces du fourbe on doit ne dormir point.

DAMIS.

Quoi ! son effronterie iroit jusqu'à ce point ?

ELMIRE.

Pour moi, je ne crois pas cette instance possible,
Et son ingratitude est ici trop visible.

CLÉANTE.

Ne vous y fiez pas. Il aura des ressorts
Pour donner, contre vous, raison à ses efforts ;
Et, sur moins que cela, le poids d'une cabale
Embarrasse les gens dans un fâcheux dédale.
Je vous le dis encore : armé de ce qu'il a,
Vous ne deviez jamais le pousser jusque-là,

ORGON.

Il est vrai ; mais qu'y faire ? A l'orgueil de ce traître,
De mes ressentiments je n'ai pas été maître.

CLÉANTE.

Je voudrois, de bon cœur, qu'on pût, entre vous deux,
De quelque ombre de paix raccommoder les nœuds.

ELMIRE.

Si j'avois su qu'en main il a de telles armes,
Je n'aurois pas donné matière à tant d'alarmes,
Et mes...

ORGON.

[*A Dorine, voyant entrer Monsieur Loyal.*]
Que veut cet homme? Allez tôt le savoir.
Je suis bien en état que l'on me vienne voir!

SCÈNE IV

MONSIEUR LOYAL, MADAME PERNELLE, ORGON, DAMIS, MARIANNE, DORINE, ELMIRE, CLÉANTE.

MONSIEUR LOYAL, [*à Dorine, dans le fond du théâtre*].

Bonjour, ma chère sœur. Faites, je vous supplie,
Que je parle à Monsieur.

DORINE.

Il est en compagnie,
Et je doute qu'il puisse, à présent, voir quelqu'un.

MONSIEUR LOYAL.

Je ne suis pas pour être en ces lieux importun.

Mon abord n'aura rien, je crois, qui lui déplaise,
Et je viens pour un fait dont il sera bien aise.

DORINE.

Votre nom ?

MONSIEUR LOYAL.

Dites-lui seulement que je vien
De la part de monsieur Tartuffe, pour son bien.

DORINE, [*à Orgon*].

C'est un homme qui vient, avec douce manière,
De la part de monsieur Tartuffe, pour affaire
Dont vous serez, dit-il, bien aise.

CLÉANTE.

Il vous faut voir
Ce que c'est que cet homme, et ce qu'il peut vouloir.

ORGON.

Pour nous raccommoder il vient ici peut-être.
Quels sentiments aurai-je à lui faire paroitre ?

CLÉANTE.

Votre ressentiment ne doit point éclater ;
Et, s'il parle d'accord, il le faut écouter.

MONSIEUR LOYAL, [*à Orgon*].

Salut, Monsieur. Le Ciel perde qui vous veut nuire,
Et vous soit favorable autant que je désire !

ORGON.

Ce doux début s'accorde avec mon jugement,
Et présage déjà quelque accommodement.

MONSIEUR LOYAL.

Toute votre maison m'a toujours été chère,
Et j'étais serviteur de monsieur votre père.

ORGON.

Monsieur, j'ai grande honte, et demande pardon,
D'être sans vous connoitre, ou savoir votre nom.

MONSIEUR LOYAL.

Je m'appelle Loyal, natif de Normandie,
Et suis huissier à verge, en dépit de l'envie.
J'ai depuis quarante ans, grâce au Ciel, le bonheur
D'en exercer la charge avec beaucoup d'honneur ;
Et je vous viens, Monsieur, avec votre licence,
Signifier l'exploit de certaine ordonnance...

ORGON.

Quoi ! vous êtes ici...

MONSIEUR LOYAL.

Monsieur, sans passion.
Ce n'est rien seulement qu'une sommation,
Un ordre de vider d'ici, vous et les vôtres,
Mettre vos meubles hors, et faire place à d'autres,
Sans délai, ni remise, ainsi que besoin est.

ORGON.

Moi ! sortir de céans ?

MONSIEUR LOYAL.

Oui, Monsieur, s'il vous plaît.
La maison, à présent, comme savez de reste,
Au bon monsieur Tartuffe appartient sans conteste.
De vos biens désormais il est maître et seigneur,
En vertu d'un contrat, duquel je suis porteur.
Il est en bonne forme, et l'on n'y peut rien dire.

DAMIS.

Certes, cette impudence est grande, et je l'admire.

MONSIEUR LOYAL.

Monsieur, je ne dois point avoir affaire à vous;
C'est à Monsieur : il est et raisonnable et doux,
Et d'un homme de bien il sait trop bien l'office
Pour se vouloir du tout opposer à Justice.

ORGON.

Mais...

MONSIEUR LOYAL.

Oui, Monsieur, je sais, que pour un million,
Vous ne voudriez pas faire rebellion,
Et que vous souffrirez, en honnête personne,
Que j'exécute ici les ordres qu'on me donne.

DAMIS.

Vous pourriez bien ici, sur votre noir jupon,
Monsieur l'huissieur à verge, attirer le baston.

MONSIEUR LOYAL, [*à Orgon.*]

Faites que votre fils se taise, ou se retire,
Monsieur; j'aurois regret d'être obligé d'écrire,
Et de vous voir couché dans mon procès-verbal.

DORINE, [*à part.*]

Ce monsieur Loyal porte un air bien déloyal!

MONSIEUR LOYAL.

Pour tous les gens de bien j'ai de grandes tendresses,
Et ne me suis voulu, Monsieur, charger des pièces
Que pour vous obliger et vous faire plaisir;
Que pour ôter, par là, le moyen d'en choisir
Qui, n'ayant pas pour vous le zèle qui me pousse,
Auroient pû procéder d'une façon moins douce.

ORGON.

Et que peut-on de pis, que d'ordonner aux gens
De sortir de chez eux?

MONSIEUR LOYAL.

On vous donne du temps,
Et jusques à demain je ferai surséance
A l'exécution, Monsieur, de l'ordonnance.
Je viendrai seulement passer ici la nuit
Avec dix de mes gens, sans scandale et sans bruit.
Pour la forme, il faudra, s'il vous plaît, qu'on m'apporte,
Avant que se coucher, les clefs de votre porte.
J'aurai soin de ne pas troubler votre repos,
Et de ne rien souffrir qui ne soit à propos.
Mais demain, du matin, il vous faut être habile
A vider de céans jusqu'au moindre ustensile,
Mes gens vous aideront, et je les ai pris forts
Pour vous faire service à tout mettre dehors.
On n'en peut pas user mieux que je fais, je pense;
Et, comme je vous traite avec grande indulgence,
Je vous conjure aussi, Monsieur, d'en user bien,
Et qu'au dû de ma charge on ne me trouble en rien.

ORGON, [*à part.*]

Du meilleur de mon cœur, je donnerois sur l'heure
Les cent plus beaux louis de ce qui me demeure,
Et pouvoir à plaisir sur ce muffle assener
Le plus grand coup de poing qui se puisse donner.

CLÉANTE, [*bas à Orgon.*]

Laissez, ne gâtons rien.

DAMIS.

A cette audace étrange,
J'ai peine à me tenir, et la main me démange.

DORINE.

Avec un si bon dos, ma foi, Monsieur Loyal,
Quelques coups de bâton ne vous siéroient pas mal.

MONSIEUR LOYAL.

On pourroit bien punir ces paroles infâmes,
Ma mie, et l'on décrète aussi contre les femmes.

CLÉANTE.

Finissons tout cela, Monsieur, c'en est assez.
Donnez tôt ce papier, de grâce, et nous laissez.

MONSIEUR LOYAL.

Jusqu'au revoir. Le Ciel vous tienne tous en joie !

ORGON.

Puisse-t-il te confondre, et celui qui t'envoie !

SCÈNE V

ORGON, CLÉANTE, MARIANNE, ELMIRE, MADAME PERNELLE, DORINE, DAMIS.

ORGON.

Hé bien ! vous le voyez, ma mère, si j'ai droit,
Et vous pouvez juger du reste par l'exploit.
Ses trahisons, enfin, vous sont-elles connues ?

MADAME PERNELLE.

Je suis toute ébaubie, et je tombe des nues !

DORINE.

Vous vous plaignez à tort, à tort vous le blâmez,
Et ses pieux desseins par là sont confirmés.
Dans l'amour du prochain sa vertu se consomme :
Il sait que, très souvent, les biens corrompent l'homme,
Et, par charité pure, il veut vous enlever
Tout ce qui vous peut faire obstacle à vous sauver.

ORGON.

Taisez-vous : c'est le mot qu'il vous faut toujours dire.

CLÉANTE, [*à Orgon.*]

Allons voir quel conseil on doit vous faire élire.

ELMIRE.

Allez faire éclater l'audace de l'ingrat.
Ce procédé détruit la vertu du contrat ;
Et sa déloyauté va paroitre trop noire,
Pour souffrir qu'il en ait le succès qu'on veut croire.

SCÈNE VI

VALÈRE, ORGON, CLÉANTE, ELMIRE, MARIANNE.

VALÈRE.

Avec regret, Monsieur, je viens vous affliger ;
Mais je m'y vois contraint par le pressant danger.

Un ami, qui m'est joint d'une amitié fort tendre,
Et qui sait l'intérêt qu'en vous j'ai lieu de prendre,
A violé pour moi, par un pas délicat,
Le secret que l'on doit aux affaires d'Etat,
Et me vient d'envoyer un avis, dont la suite
Vous réduit au parti d'une soudaine fuite.
Le fourbe, qui longtemps a pu vous imposer,
Depuis une heure au Prince a su vous accuser,
Et remettre en ses mains, dans les traits qu'il vous jette,
D'un criminel d'Etat l'importante cassette,
Dont, au mépris, dit-il, du devoir d'un sujet,
Vous avez conservé le coupable secret.
J'ignore le détail du crime qu'on vous donne,
Mais un ordre est donné contre votre personne,
Et lui-même est chargé, pour mieux l'exécuter,
D'accompagner celui qui vous doit arrêter.

CLÉANTE.

Voilà ses droits armés, et c'est par où le traître.
De vos biens, qu'il prétend, cherche à se rendre maître.

ORGON.

L'homme est, je vous l'avoue, un méchant animal !

VALÈRE.

Le moindre amusement vous peut être fatal.
J'ai, pour vous emmener, mon carrosse à la porte,
Avec mille louis qu'ici je vous apporte.
Ne perdons point de temps, le trait est foudroyant,
Et ce sont de ces coups que l'on pare en fuyant.
A vous mettre en lieu sûr je m'offre pour conduite,
Et veux accompagner, jusqu'au bout, votre fuite.

ORGON.

Las! que ne dois-je point à vos soins obligeants!
Pour vous en rendre grâce il faut un autre temps,
Et je demande au Ciel de m'être assez propice
Pour reconnoître un jour ce généreux service.
Adieu ; prenez le soin, vous autres...

CLÉANTE.

Allez tôt ;
Nous songerons, mon frère, à faire ce qu'il faut.

SCÈNE DERNIÈRE

L'EXEMPT, TARTUFFE, VALÈRE, ORGON, ELMIRE, MARIANNE, ETC.

TARTUFFE, [*arrêtant Orgon*].

Tout beau, Monsieur, tout beau, ne courez point si vite;
Vous n'irez pas fort loin pour trouver votre gîte,
Et, de la part du Prince, on vous fait prisonnier.

ORGON.

Traître, tu me gardois ce trait pour le dernier!
C'est le coup, scélérat, par où tu m'expédies,
Et voilà couronner toutes tes perfidies.

TARTUFFE.

Vos injures n'ont rien à me pouvoir aigrir,
Et je suis, pour le Ciel, appris à tout souffrir.

CLÉANTE.

La modération est grande, je l'avoue!

DAMIS.

Comme du Ciel l'infâme impudemment se joue !

TARTUFFE.

Tous vos emportements ne sauroient m'émouvoir,
Et je ne songe à rien qu'à faire mon devoir.

MARIANNE.

Vous avez de ceci grande gloire à prétendre,
Et cet emploi, pour vous, est fort honnête à prendre.

TARTUFFE.

Un emploi ne sauroit être que glorieux,
Quand il part du pouvoir qui m'envoie en ces lieux.

ORGON.

Mais t'es-tu souvenu que ma main charitable,
Ingrat, t'a retiré d'un état misérable?

TARTUFFE.

Oui, je sais quels secours j'en ai pu recevoir;
Mais l'intérêt du Prince est mon premier devoir :
De ce devoir sacré la juste violence
Etouffe dans mon cœur toute reconnoissance,
Et je sacrifierois à de si puissants nœuds
Amis, femme, parents, et moi-même avec eux.

ELMIRE.

L'imposteur !

DORINE.

Comme il sait, de traîtresse manière,
Se faire un beau manteau de tout ce qu'on révère !

CLÉANTE.

Mais, s'il est si parfait que vous le déclarez,
Ce zèle, qui vous pousse, et dont vous vous parez,
D'où vient que, pour paraître, il s'avise d'attendre
Qu'à poursuivre sa femme il ait su vous surprendre,
Et que vous ne songez à l'aller dénoncer
Que lors que son honneur l'oblige à vous chasser ?
Je ne vous parle point, pour devoir en distraire,
Du don de tout son bien qu'il venoit de vous faire ;
Mais, le voulant traiter en coupable aujourd'hui,
Pourquoi consentiez-vous à rien prendre de lui ?

TARTUFFE, *à l'Exempt.*

Délivrez-moi, Monsieur, de la criaillerie,
Et daignez d'accomplir votre ordre, je vous prie.

L'EXEMPT.

Oui, c'est trop demeurer, sans doute, à l'accomplir :
Votre bouche à propos m'invite à le remplir ;
Et, pour l'exécuter, suivez-moi tout à l'heure
Dans la prison qu'on doit vous donner pour demeure.

TARTUFFE.

Qui ! moi, Monsieur ?

L'EXEMPT.

Oui, vous.

TARTUFFE.

Pourquoi donc la prison ?

L'EXEMPT.

Ce n'est pas vous à qui j'en veux rendre raison.

[*A Orgon*]

Remettez-vous, Monsieur, d'une alarme si chaude.

Nous vivons sous un Prince ennemi de la fraude,
Un Prince dont les yeux se font jour dans les cœurs,
Et que ne peut tromper tout l'art des imposteurs.
D'un fin discernement sa grande âme pourvue
Sur les choses toujours jette une droite vue ;
Chez elle jamais rien ne surprend trop d'accès,
Et sa ferme raison ne tombe en nul excès.
Il donne aux gens de bien une gloire immortelle ;
Mais sans aveuglement il fait briller ce zèle,
Et l'amour pour les vrais ne ferme point son cœur
A tout ce que les faux doivent donner d'horreur.
Celui-ci n'était pas pour le pouvoir surprendre,
Et de pièges plus fins on le voit se défendre.
D'abord il a percé, par ses vives clartés,
Des replis de son cœur toutes les lâchetés.
Venant vous accuser, il s'est trahi lui-même,
Et, par un juste trait de l'équité suprême,
S'est découvert au Prince un fourbe renommé
Dont, sous un autre nom, il étoit informé ;
Et c'est un long détail d'actions toutes noires
Dont on pourroit former des volumes d'histoires.
Ce monarque, en un mot, a vers vous détesté
Sa lâche ingratitude et sa déloyauté ;
A ses autres horreurs il a joint cette suite,
Et ne m'a, jusqu'ici, soumis à sa conduite
Que pour voir l'impudence aller jusques au bout.
Et vous faire par lui faire raison de tout.
Oui, de tous vos papiers, dont il se dit le maître,
Il veut qu'entre vos mains je dépouille le traître.

D'un souverain pouvoir, il brise les liens
Du contrat qui lui fait un don de tous vos biens,
Et vous pardonne enfin cette offense secrète
Où vous a d'un ami fait tomber la retraite ;
Et c'est le prix qu'il donne au zèle qu'autrefois
On vous vit témoigner en appuyant ses droits,
Pour montrer que son cœur sait, quand moins on y pense,
D'une bonne action verser la récompense ;
Que jamais le mérite avec lui ne perd rien,
Et que, mieux que du mal, il se souvient du bien.

DORINE.

Que le Ciel soit loué !

MADAME PERNELLE.

Maintenant je respire.

ELMIRE.

Favorable succès !

MARIANNE.

Qui l'auroit osé dire ?

ORGON, *à Tartuffe.*

Hé bien ! te voilà, traître...

CLÉANTE.

Ah ! mon frère, arrêtez,
Et ne descendez point à des indignités.
A son mauvais destin laissez un misérable,
Et ne vous joignez point au remords qui l'accable.
Souhaitez bien plutôt que son cœur, en ce jour,
Au sein de la vertu fasse un heureux retour ;
Qu'il corrige sa vie en détestant son vice,
Et puisse du grand Prince adoucir la justice,

Tandis qu'à sa bonté vous irez, à genoux,
Rendre ce que demande un traitement si doux.

ORGON.

Oui, c'est bien dit. Allons à ses pieds, avec joie,
Nous louer des bontés que son cœur nous déploie ;
Puis, acquittés un peu de ce premier devoir,
Aux justes soins d'un autre il nous faudra pourvoir,
Et, par un doux hymen, couronner en Valère
La flamme d'un amant généreux et sincère.

NOTES

DU *TARTUFFE*

PRÉFACE de la 1re édition (mars 1669).

P. 5, l. 10. *Les Espagnols ne célèbrent guère de fête où la comédie ne soit mêlée.* « La nation Espagnole et l'Italienne, dit Chappuzeau, font de la comédie un des ornements de la solennité des jours les plus saints. »

On sait que les *autos sacramentales* se représentaient le jour de la Fête-Dieu. Pendant trente-sept années consécutives, Calderon en composa pour les fêtes du Saint Sacrement célébrées à Madrid, et aussi pour Tolède, Séville et Grenade.

D'autres *autos*, « al nascimiento », destinés à célébrer la naissance du Christ, étaient représentés aux fêtes de Noël ; d'autres enfin, à la fête de Saint-Jacques, patron de l'Espagne.

5, 13. *Confrérie à qui appartient encore aujourd'hui l'Hôtel de Bourgogne.* — La confrérie de la Passion, reconnue par lettres patentes du roi Charles VI, en date du 4 décembre 1402, représenta d'abord à l'Hôpital de la

Trinité, rue Saint-Denis, puis (1539) à l'Hôtel de Flandre (rue Coquillière), démoli en 1543.

Le 30 août 1548, les confrères de la Passion acquirent une partie de l'Hôtel de Bourgogne pour y faire construire un théâtre, qui leur appartint jusqu'à l'abolition de la confrérie (édit de décembre 1676). L'Hôtel de Bourgogne fut alors attribué à l'Hôpital-Général, qui le loua à la troupe Royale, puis, à partir de 1680, aux comédiens Italiens.

Les instruments de la Passion étaient en relief sur une pierre du grand portail du théâtre ; on pouvait les voir encore à la fin du siècle dernier.

5, 16. *Comédies imprimées en lettres gothiques, sous le nom d'un Docteur de Sorbonne.* — Par exemple, le Mystère de la Passion, imprimé à Paris en 1490, in-f° gothique à 2 colonnes, et intitulé : *La Passion de nostre saulveur Jesuchrist* avec les addicions et corrections faictes par très éloquent et scientifique docteur maistre Jehan Michel.

Voir encore le mystère de la Résurrection (Petit de Julleville, p. 447).

5, 18. *Pièces saintes de M. Corneille.* — *Polyeucte martyr*, tragédie chrétienne, représentée à l'Hôtel de Bourgogne en 1640.

Théodore vierge et martyre, tragédie chrétienne, représentée en 1645, par la troupe Royale.

6, 11. *Jamais on ne s'était si fort déchaîné contre le Théâtre.* — Depuis cinq ans seulement avaient paru : le *Traité contre les Danses et les Comédies* de s. Charles Borromée (1664), la *Dissertation sur la condamnation des Théâtres* par l'abbé d'Aubignac (1666), et surtout l'ouvrage posthume du prince de Conti : *Traité de la Comédie et des spectacles selon la tradition de l'Eglise tirée des Conciles et des Saints-Pères* (1667). — A signaler encore, pour la seule année 1668 : la *Censure chrétienne du théâtre moderne*, par F. d'Avre, curé de Minières, en tête de sa tragédie *Dipne infante d'Irlande*, imprimée à Montargis ; une épître *Contre les abus du théâtre* signée Blanc-Ménil, et des *Réflexions contre la Comédie*, manuscrit de « R. L., theologus », qui faisait partie de la bibliothèque du duc de la Vallière. — Sans parler des libelles spéciaux suscités par l'*Ecole des Femmes*, *Don Juan* et l'*Imposteur*.

6, 12. *Pères de l'Eglise qui ont condamné la Comédie.* — Saint Augustin (*Confessions* et *Cité de Dieu*), Tertullien (*De spectaculis*), saint Chrysostome, saint Jérôme, Salvien, saint Clément d'Alexandrie, Arnobe, Lactance, etc. « Ce n'est proprement que contre les spectacles ou sanglants ou déshonnêtes, qui combattent la charité et la pureté du christianisme, que les Conciles et les Pères se sont déclarés. » (Chappuzeau, I, VIII.)

6, 14. *Quelques-uns qui l'ont traitée un peu plus doucement.* — Saint Cyprien, saint Thomas, saint Charles Borromée, saint François de Sales, etc.

6, 36. *Aristote a consacré des veilles au théâtre.* — On prétend qu'il avait relevé la chronologie des représentations théâtrales.

6, 37. *Réduit en préceptes l'art de faire des comédies.* — V. la *Poétique* d'Aristote, chap. V et VI.

9, 4. *Scaramouche hermite.* — Cette pièce n'est pas mentionnée dans l'*Histoire de l'ancien théâtre Italien*, par les frères Parfaict, qui donnent trente-huit canevas de pièces jouées de 1667 à 1674. Et, selon le *Dictionnaire portatif* de Léris, *Scaramouche hermite* aurait été représenté en mai 1667.

Voir, sur cette farce, un article de M. Révérend du Mesnil, au *Moliériste* de juin 1888.

Premier placet (1664).

12, 24. *Livre composé par le curé de..... — Le Roy glorieux au monde ou Louis XIV le plus glorieux de tous les rois du monde*, libelle de Pierre Roullé, curé de Saint-Barthélemy en la Cité, achevé d'imprimer le 13 août 1664.

12, 29. *Démon vêtu de chair et habillé en homme.* — Voici le texte même de Roullé : « Un homme, ou plutôt un *démon vêtu de chair et habillé en homme,* et *le plus signalé impie et libertin* qui fut jamais dans les siècles passés, avait eu assez d'impiété et d'abomination pour faire sortir de *son esprit diabolique* une pièce toute prête d'être rendue publique, en la faisant monter sur le théâtre, à la dérision de toute l'Eglise, et au mépris du caractère le plus sacré et de la fonction la plus divine, et au mépris de ce qu'il y a de plus saint dans l'Église..... Il méritait par cet attentat sacrilège et impie *un dernier supplice exemplaire et public,* et *le feu* même avant-coureur de celui de l'enfer, pour *expier un crime* si grief de lèse-majesté divine. »

Second placet (août 1667).

P. 13. Présenté par la Thorillière et La Grange, « compagnons du sieur Molière », l'un depuis 1659, l'autre depuis 1662. (*Reg.* de la Grange, p. 89.)

Troisième placet (5 février 1669).

15, 17. *Un fort honnête médecin.* — Jean-Armand de Mauvillain, docteur en médecine de la Faculté de Paris, dont il devint le doyen en 1666, était fils du chirurgien Nicolas Mauvillain (mort le 10 janvier 1663) et filleul de Richelieu. C'est de lui que Molière disait : « Nous causons ; il m'ordonne des remèdes, je ne les fais pas, et je guéris ! » On peut croire qu'il ne demeura pas étranger aux attaques de son illustre malade contre les médecins ; on dit même qu'il collabora à la cérémonie du *Malade imaginaire.* Il était encore le médecin de La Grange quand il mourut, le 24 juillet 1685 (*Registre,* p. 355).

Personnages.

Mme *Pernelle.* Il est permis de penser que Molière a pris ce nom (qui était celui de la femme de Nicolas Flamel) à la page 145 du tome Ier du *Polyandre* de Sorel, puisqu'il a tiré du tome second du même ouvrage le caractère, la démarche, le babil, l'accoutrement bizarre, et jusqu'à la petite servante de Mme Ragonde. (Voir *Mme Pernelle, Flipote et M. Tartuffe*, dans le tome X du *Moliériste*, p. 97, 129 et 161).

Orgon. C'est le nom d'une petite ville de Provence, que Molière traversa peut-être en allant d'Avignon à Aix ou à Salon.

Elmire. C'est, moins une lettre, l'anagramme de Molière, Elomire. L'héroïne de l'*Heureuse bigamie*, tragi-comédie de Hardy (1615), s'appelait Elmire.

Tartuffe. On a beaucoup disserté sur l'étymologie de ce nom qui était populaire avant Molière, comme le prouve une gravure du recueil de Lagniët: *La Tartufe*, reproduite par Hipp. Lucas dans *la Mosaïque* de 1876, n° 1.

M. Loyal. Voir, au sujet de ce nom, le tome VIII du *Moliériste*, p. 44 et suiv.

Un Exempt. Des gardes du corps, ou de la compagnie des Archers du grand Prévôt ?

Flipote ou Philippote, dérive de Philippe. C'est la petite servante niaise sur laquelle s'appuie Mme Ragonde dans le *Polyandre* : « Avec son corps gris et sa calle blanche, elle semblait plutôt avoir été empruntée de quelque fruitière, que d'être la propre servante d'une telle bourgeoise » (p. 320).

ACTE PREMIER.

18, 10. *La Cour du roi Pétaud*. C'est-à-dire, selon l'abbé Bordelon, « où tout est en désordre, comme dans l'assemblée du Roi des gueux, lequel s'appelle *Peto* (je demande, je mendie), où tout le monde est le maître ». (*Livre à la Mode*, 10e partie des *Diversitez curieuses*, Amsterdam, 1699, p. 366.)

Voir Rabelais, liv. III, chap. IV, et les notes de Le Duchat (1741), d'Esmangard et Eloi Johanneau (1823).

« Messieurs, Messieurs, je vois bien que nous sommes à *la Cour du roi Pétault*, où chacun est maître. » (*Satire Ménippée*.)

« Ce jour, Guarinus, qui prêchait à Saint-Jacques de la Boucherie, dit... que ces beaux Etats que l'on tenait, c'était *la Cour du roi Petault*, où chacun voulait être maître. » (*Mémoires-Journaux* de Pierre de l'Estoile, 8 avril 1593.)

18, 15. *Forte en gueule*. Furetière emploie cette expression dans son *Roman bourgeois* (1666) : « Une des bonnes qualités d'un homme qui gagne sa vie à clabauder, est d'être *fort en gueule*. »

19, 20. *Sous chape*. En cachette, en secret. La chape ou cape était un manteau à capuchon.

20, 20. *Pied plat*. Misérable, coquin, rustre (Richelet).

22, 2. *Ces carrosses sans cesse à la porte plantés*. Cf. *Polyandre*, 2e partie : « Le devant de leur porte est toujours plein de carrosses et de chevaux qui embarrassent la rue, comme si l'on faisait ici quelques jeux de bateleurs. Ce qu'il y a de pire, c'est que l'on y voit une troupe d'estafiers plus bariolés que la chandelle des Rois, qui scandalise tout le voisinage ; ils y font un vacarme étrange » (p. 323).

23, 29. *Le penchant de l'âge*. Le déclin. — Voir encore *Polyandre*, p. 315.

24, 2. *Contes bleus*. Contes en l'air.

24, 15. *Fariboles*. Fadaises, bagatelles.

24, 21. *Un docteur dit fort bien*. Cf. *Polyandre*, p. 323 :

« Elles emploient la moitié de la journée à *s'habiller*, et le reste à *babiller :* ce ne sont pas des *damoiselles*, ce sont des *dames oisives* ou des *dames oiseuses*, comme disait très bien ces jours passés en chaire un fort habile *Docteur*, en parlant de leurs semblables. »

24, 22. *La Tour de Babylone*. Calembour dans le goût de celui de dame Ragonde, que nous venons de citer. — Auger a signalé ce passage de la *Cour sainte* du P. Nicolas Caussin, jésuite, publiée en 1624 : « Les géants, après le déluge des eaux, voulurent bâtir la tour de *Babel*, mais les femmes, dans le déluge des langues, bâtissent la tour de *babil*. »

25, 3. *Bayer aux corneilles*. Et non bâiller ; beer, de *beare*, être béant : bouche bée.

25, 5. *Gaupe*. Femme malpropre et désagréable. « Sales gôpes », dit Larivey dans *les Tromperies* (1611). Dans le ballet intitulé l'*Oracle de la Sybille de Pansoust* (1645), deux vieilles *gaupes* viennent consulter la Sybille, à la 7e entrée.

25, 23. *Nos troubles*. Ceux de la Fronde.

26, 22. *Le fat*. Dans le sens de sot, niais.

26, 27. *Fleur des Saints*. Les *Fleurs des vies des Saints et des Fêtes de toute l'année*, traduction française des *Vies des Saints* du jésuite espagnol P. Ribadeneira, en 2 vol. gr. in-f°, aussi propres, par leur format, à serrer des mouchoirs que le gros *Plutarque* des *Femmes savantes* à « mettre des rabats ».

28, dernière ligne. *Le pauvre homme !* Selon Bret, ce mot aurait été fourni à Molière par Louis XIV pendant le voyage de Lorraine, en 1663.

32, 20. *D'avoir pris une puce en faisant sa prière*. Saint Macaire, dit la *Légende dorée*, se punit d'avoir tué une puce, en demeurant six mois tout nu dans le désert.

Sœur Agnès se confessait d'avoir tué une puce avec colère, ou d'avoir mangé les « parties honteuses » d'un hareng.

32, 27. *Libertinage, libertin.* Dans la bouche d'Orgon, libertin veut dire un libre-penseur, un esprit fort.

Le P. Bouhours dit que le mot *libertin* signifie d'ordinaire un homme impie, qui ne croit rien.

« Je n'entends par ce mot — disait le P. Garasse — ni un athée, ni un catholique, ni un hérétique, mais un composé de tout cela. » (*Recherche des Recherches* d'Et. Pasquier, 8°, 1622, liv. IV, p. 682.)

33, 6. *Simagrées.* Singeries, du latin *simius* (ou simia), singe. Sous Louis XIII, on écrivait chimagrées.

34, 6. Un *Caton.* Caton l'ancien (ou le Censeur) et son arrière petit-fils, Caton d'Utique, furent tous deux d'une sagesse austère, qui a donné naissance au mot catonien, catonienne.

34, 19. *Dévots de place.* M. Ch. Louandre dit qu' « au moyen âge et dans le XVIIe siècle encore, les domestiques allaient sur les places publiques attendre qu'on vînt engager leurs services ». Selon lui, les dévots de place seraient donc ceux qui, comme les valets de place, « s'affichent à tous les regards ».

35, 14. *Périandre.* Périandre, de Corinthe, était — comme on sait — l'un des Sept Sages de la Grèce.

ACTE DEUXIÈME.

44, 12. *Il est bien gentilhomme.* « En parlant de la naissance de quelqu'un, l'on doit dire : *Il est bien gentilhomme,* et qui prononce ce mot autrement ne sait pas que ceux qui sont véritablement nobles se nomment ainsi eux-mêmes. » (Les *Loix de la Galanterie* (1644), p. 24-25 de la réimpression donnée par M. L. Lalanne.)

46, 9. *Son ascendant.* C'est-à-dire l'influence du signe sous lequel il est né. — Cf. *Ecole des Maris,* v. 1099.

48, 13. *Une femme a toujours une vengeance prête.* Cf. *Médecin malgré lui :* « Une femme a toujours dans les mains de quoi se venger d'un mari » (I, IV).

53, 9. *Qui se mouche du pied.* Traduction burlesque du proverbe latin, *homo emunctæ naris,* homme fin. Génin donne une autre explication : se moucher avec le pied étant un tour d'agilité des saltimbanques, on dit d'un homme grave et considérable qu'il ne se mouche pas du pied.

54, 4. *Mme la baillive.* La femme du bailli, magistrat subalterne qui correspondait à peu près à notre juge de paix, comme le canton correspond au bailliage.

— *Mme l'élue.* La femme de l'élu, officier de l'élection, magistrat royal chargé de juger en première instance les contestations relatives à l'assiette de divers impôts.

54, 5. *Siège pliant.* Sans bras ni dossier. Dans le *Festin de Pierre,* Don Juan fait ôter le pliant et apporter un fauteuil à M. Dimanche, « sachant ce qu'il lui doit, et ne voulant point qu'on mette de différence entre eux deux ». (Acte IV, III.) — Dans la *Comtesse d'Escarbagnas,* Criquet apporte une chaise à M. Tibaudier : « Un pliant, petit animal », lui dit tout bas sa maîtresse. (Sc. XVI.)

54, 7. *La grand'bande.* A Paris, la grand'bande était celle des vingt-quatre violons du Roi. Dans le *Roman comique,* Scarron parle de la grande bande de violons du Mans et de celle d'Alençon.

— *Deux musettes.* Espèce de cornemuse très à la mode depuis Louis XIII, et composant parfois tout l'orchestre d'une petite ville.

54, 8. *Fagotin.* Célèbre singe des Datelin qui, sous le nom de Brioché, montraient, de père en fils, les marionnettes à la descente du Pont-Neuf, du côté de la rue Guénégaud. Dans l'*Apprenty charlatan*, nouvelle publiée du vivant de Molière, *Fagotin* est le nom d'un des quatre baladins qui accompagnent l'opérateur Carpalin de ville en ville. (*Nouveau Recueil de Divertissements comiques*, par F. C. Oudin de Préfontaine, Paris, G. de Luyne, 1670, in-12, p. 47.)

La Fontaine parle aussi des « tours de Fagotin » dans sa fable *La Cour du Lion*.

— *Les Marionnettes*. Voyageaient en province et à l'étranger, comme les troupes de campagne et les opérateurs. Molière s'était trouvé en concurrence avec elles à Nantes et à Lyon.

ACTE TROISIÈME.

66, 6. *Faquins*. De l'italien *facchino*, porteur, portefaix, homme de rien.

71, 8. *Qu'aucun ne nous éclaire*. Ne nous épie, ne nous observe. Cf. *Etourdi*, V. 171, et D. *Garcie de Navarre*, v. 1150.

72, 16. *De ce point l'ouvrage est merveilleux*. On connaissait alors les points, dentelle ou guipure, de Venise, de Flandre, de Gênes, d'Espagne, d'Angleterre, de Sedan, etc.

« Quand Panurge se trouvait en compagnie de quelques bonnes dames, il les mettait sur le propos de lingerie, et leur mettait la main au sein, demandant : « Et cet ouvrage, est-il de Flandre ou de Hainaut ? »

(*Pantagruel*, liv. II, chap. XVI.)

74, 13. *Ah ! pour être dévot, je n'en suis pas moins homme !* Corneille, dans *Sertorius* (1652), avait dit (acte IV, 1) :

« Ah ! pour être Romain, je n'en suis pas moins homme. »

V. aussi Boccace, 8e nouvelle de la 3e journée du *Décaméron*.

75, 12. *Déshonore l'autel où leur cœur sacrifie.* « Il eût été bien malheureux de déshonorer des autels sur lesquels il avait sacrifié. » (*Polyandre*, première partie, livre II, p. 218.)

83, 15. *O ciel, pardonne-lui la douleur qu'il me donne.* Le second hémistiche fut substitué à « comme je lui pardonne », qui avait été condamné comme parodie d'un verset du *Pater*. La variante, retenue par Baron (*V. Lettre à Milord* ***, 1730), a été rétablie sur la scène.

ACTE QUATRIÈME.

90, 19. *Il est, Monsieur, trois heures et demie.* Voir, dans Brossette, comment le premier président M. de Lamoignon congédia Molière par ces mots : « Vous voyez, Monsieur, qu'il est près de midi : je manquerais la messe si je m'arrêtais plus long temps ! »

93, 7. *Parlez à votre écot.* Se dit proverbialement aux interrupteurs pour : « parlez à ceux qui sont de votre écot, de votre compagnie. »
Génin propose une autre explication : parlez à votre tour, en proportion de votre droit et de votre dû.

Pourquoi ne pas écrire : à votre *écho*, qui se comprendrait mieux (parlez-vous à vous-même) ?

104, 7. *Croire trop de léger.* Trop légèrement. V. la *Macette* de Regnier :
« Moi-même, qui ne crois *de léger* aux merveilles. »

ACTE CINQUIÈME.

109, 1. *Gueusant.* Mendiant. « Gueuser des encens », dit Vadius dans les *Femmes savantes* (III, VII).

110, 12. *Gauchir.* Prendre à gauche, biaiser, mollir. Cf. vers 822, de l'*Ecole des Femmes*.

117, 6. *Huissier à verge.* Ainsi appelé, parce qu'il porte à la main une verge ou baguette pour toucher ceux contre lesquels il instrumente. La liste des personnages le qualifie « sergent », qui n'est pas absolument synonyme.

119, 15. *Ustensile.* Meuble, et généralement tout objet à notre usage.

119, 21. *Au dû de ma charge.* Au devoir, à l'exercice de ma charge. Cf. *Avare,* V, III.

121, 2. *Je suis tout ébaubie,* ou ébobie. Forme populaire d'ébahie, que la surprise fait balbutier.

122, 28. *Je m'offre pour conduite.* Pour vous conduire, pour guide.

125, 8. *Pour devoir en distraire.* Comme d'une chose qui aurait dû vous en détourner.

125, 29. Cette tirade de l'Exempt, dans laquelle on pratique aujourd'hui de larges coupures, avait été refaite « au goût du jour » par Cailhava en 1793. Voir ses *Etudes sur Molière*, p. 168.

G. M.

Imp. Jouaust, L. Cerf.

www.ingramcontent.com/pod-product-compliance
Ingram Content Group UK Ltd.
Pitfield, Milton Keynes, MK11 3LW, UK
UKHW031851260826
14628UKWH00002B/710

9 782329 338606